朱永嘉作品

商鞅变法与王莽改制

中国历史上所有的变法和改制

在本质上都是为了

应对内外挑战而对自身的一种调节和改良

朱永嘉 著

中国长安出版社

所有的成功和胜利背后，都有一个付出代价和阵痛的过程。商鞅变法是如此，中国历史上的许多次改革和变法也都是如此。

目　录

下　篇　汉儒神学化和王莽改制的失败

序：中国古代变法改制思想资源之历史回顾

这是我在春秋书院两次讲座的讲稿，题目是书院定的。这两次讲座的内容是中国历史上有名的变法和改制，大体上都属于改革的范畴。改革和变法，实际上是过若干年必然要产生的，是统治者自我调整利益关系的一种措施。任何法制，或者一种社会秩序，时间长了，必然会积叠许多矛盾。中国历史上各个朝代都有过改革，有的成功，也有的半途而废最终失败。商鞅变法是成功的，因为他有秦孝公的支持，虽然商鞅在秦孝公死后被车裂，但新法还是被保留下来了，而秦始皇统一六国，是受益于商鞅变法的。当时赵武灵王的胡服骑射也是成功的，赵国也因此抵御了匈奴的进攻。有一些半途而废的改革，往往是由于顶层的动摇与变换而走向失败，如王安石变法，由于神宗和哲宗年间的反复，造成新旧党争，反而导致了北宋的垮塌。张居正的改革是成功的，但他死了以后，也被后人倒算账，一家子都倒霉，当然这也与其自身在生前太张扬有关系。戊戌变法的失败，主要是由于慈禧太后的反对。在历史上完全是倒退的改革也有一个案例，那就是王莽的改制。

改革现在是一个最时髦的名词，什么东西都往这个框里装，实际情况往往并非如此，所以了解一下中国古代的改革究竟是怎么一回事，或许对我们会有所启发。我们不妨探究一下商鞅变法与王莽改制的历史进程及其思想基础，看看究竟是怎么回事。从方法论上讲，这是解剖典型，对人们思考问题是有益的，因为解剖一两只麻雀便能知道其他麻雀的五脏六腑了。而商鞅变法与王莽改制是可以互相对比的历史事件，它们或许对我们认识各种情况会有一点启发。商鞅变法，虽然他自己付出了沉重的代价，但他这次变法，应该说还是功在千秋。王莽在汉末的那次改制，应该说是失败的，加剧了内外的经济危机，最终导致新莽的崩溃和灭亡。所以将二者放在一起进行研究和思考，或许对我们了解中国历史上改革的一些重大问题有帮助。

中国历史上所有的变法和改制，在本质上都是为了应对内外挑战而对自身的一种调节和改良，它必然会涉及统治集团内部和社会各阶层之间利益关系的调整，故这个调整过程在统治集团内部必然引发各种矛盾和冲突，甚至有可能激化为你死我活的斗争。这两次变法和改制，在形式上也有区别。商鞅是秦的客卿，在秦孝公支持下变法图强，没有改变秦王朝原来的基本架构。虽然商鞅个人遭遇很悲惨，但他变法的成果，对秦王朝的发展和最后统一六国，还是起了重要作用。王莽的改制则不同，他要应对元、成、哀、平以来积叠下来的矛盾，而他这个改制又是为了改朝换代，在以外戚身份擅权的基础上，用新莽代替刘汉，结果西汉垮了，新莽也覆灭了，他自己弄了一个身败名裂。

既然是变法和改制，当然都会对原来的政策方针作某些重大的调整和变革，而这些调整和变革当然也需要一定的理论作为思想资源。如商鞅变法所秉承的是法家的思想，商鞅本身便是一个思想家，之前有李悝，同时期还有申不害，之后集大成者是韩非。王莽改制所吸取的思想资源则来自儒家。

中国历史上，各个时代都有适应自己需要的主流意识形态，同时也存在各种不同的非主流意识形态。意识形态历来是多元的，尽管有主流与非主流之别，但二者之间往往是既互相对立又互相补充的。有时候斗争的一面占主导的地位，或者说分化的倾向占主导地位；有的时候则是综合占主导的一面，以一个流派为主，综合其他一些思想流派。它不可能是单一的，讲国学不能只讲儒家一家，应把先秦的诸子放在一起考察。其实先秦诸子在中国历史上各个时期都有其不同的表现。

战国至秦统一这个时期，从政治角度讲，法家占据主导地位，儒生都不怎么得志。陈胜起义时，孔子的第九代孙子孔鲋便跑到陈胜那儿去，任陈胜的博士，而且死在陈，从这一点上可见儒家在秦是不得意的。项羽死后，楚的其他地方，都投降从秦的关中打来的刘邦了，只有鲁国不降，他们看到项羽的脑袋之后才投降，刘邦最终把项羽以鲁公之礼葬于穀城。从战国到秦，儒家作为非主流意识形态始终存在，秦始皇焚书坑儒，被坑的并非都是儒生，首先是曾欺骗他的术士。如叔孙通作为儒生，长期为秦的博士，后来才投奔刘邦。法家作为主流意识形态时，也没有把儒家斩尽杀绝。

秦末汉初，占主流意识形态的是黄老之学，从太常博士的组成看，申商、纵横及儒生都占有一席之地。自秦至汉初，两本大的综合性著作——《吕氏春秋》与《淮南子》都是综合各家学说而成。汉武帝罢黜百家、独尊儒术的事，是田蚡为丞相时，“黜黄老、刑名百家之言，延文学儒者以百数，而公孙弘以治《春秋》为丞相封侯，天下学士靡然乡风矣”（《汉书·儒林传》）。这样才把其他各家排斥在太常博士之外。从理论上提出这一方针的则是董仲舒，他在《天人三策》中论及《春秋》大一统的思想，其云：“《春秋》大一统者，天地之常经，古今之通谊也。今师异道，人异论，百家殊方，指意不同，是以上亡以持一统；法制数变，下不知所守。臣愚以为诸不在六艺之科孔子之术者，皆绝其道，勿使并进。邪辟之说灭息，然后统纪可一而法度可明，民知所从矣。”（《汉书·董仲舒传》）《春秋公羊传》讲的《春秋》大一统的概念，与董仲舒借大一统的观念独尊儒术、罢黜百家还是有区别的。《公羊传》在解释鲁隐公“元年春王正月”时说：“元年者何？君之始年也。春者何？岁之始也。王者孰谓？谓文王也。曷为先言王而后言正月？王正月也。何言乎王正月，大一统也。”这里的大一统是指天下诸侯统一于周天子，这是指国家的统一，真正实现国家统一，以郡县制代替分封制的是秦始皇，毛泽东说的“百代皆行秦政法”，也就是借郡县制实现国家的统一。《三国演义》中的“天下大势，合久必分，分久必合”是从更早的历史上讲，而到了近古唐宋以来，合是主流，国家的统一是主流，那是由于每一次分，中华民族都付出了极为惨重的代价，每一次分都带来人口的大幅度减少；每一次合，都结束了战乱，人口便大幅增加。故中国人民，或者说中华民族对合有着偏好，这个偏好不是西方任何学者所能改变的。董仲舒是把这个大一统的观念推演到思想观念上的大一统，这就值得人们进一步研究了。

事实上，董仲舒讲《春秋公羊传》，在伦理学的论述上，有许多精辟独到的地方，但所讲的也不是纯粹的儒家，而是吸收了阴阳家的学说，讲天人合一，讲灾异。董仲舒是为了以天道来限制君道，但实际上却开启了儒学向神学化方向发展的道路。如眭弘，借《春秋》讲天命传国之运，便称：“先师董仲舒有言，虽有继体守文之君，不害圣人之受命。”此后夏侯胜借《尚书》及《洪范五行传》说灾异，京房长于以《易》说灾异，此后翼奉、李寻皆借灾异说政事，可见汉儒神学化这一支流，是借着董仲舒天人合一这条路慢慢越走越远，成为术士们进行政治投机的一种手段。

"天人合一"在另一方面也有它合理的地方，中医便是通过阴阳五行说明人的生活和疾病与自然之间的联系。不仅人的生理现象是如此，人的社会生活也与自然环境息息相关，所以"究天人之际"还是一门重要的学问。故对董仲舒天人合一之说，还要作具体分析，既不能全盘肯定，也不能全盘否定。

从整个社会意识形态来讲，无论主流意识，还是非主流意识，无论法家还是儒家，我们都应该具体分析，持两点论的态度，既不是全盘肯定，也不是全盘否定。在这个问题上，司马谈《论六家要旨》的分析还是比较中肯的，这个六家是道家、儒家、法家、墨家、名家、阴阳家。在《论六家要旨》的开头，他引了《易大传》即《易·系辞》中的一句话："天下一致而百虑，同归而殊途。"换一句话说，各种学说思考的对象和目标是同一的，即如何致天下于大治，用现代的话讲，那就是如何使人与人、人与自然都能和谐相处。然而各家思考的视角是各不相同的，尽管各自提出前进的道路不同，但目的地只有一个，因此各家之间既有分歧，有互相矛盾和冲突的地方，也有互相补充和相通的地方。《论六家要旨》对各家意识形态的态度，既抱着兼容的态度，也抱着分析的态度，都是取其长而补其短。既承认各种学说对立的一面，也承认和看到它们之间互相补充的地方。从先秦到秦汉是如此，以后也是如此。例如，我们对来自印度的佛学是抱着包容的态度，近代对西方的思想学说也是采取包容的态度。但我们不能让外来文明反客为主，丢掉我们自己多元的互相包容的优良传统，而应从社会的实际状况出发，以我为主地采取分析和包容的态度，取长补短，提高和丰富我们优秀的文化传统。要真能实现这个目标，那需要有一个漫长的时间过程，欲速则不达。

再说在《论六家要旨》中，关于儒家，其云："儒者博而寡要，劳而少功，是以其事难尽从；然其序君臣父子之礼，列夫妇长幼之别，不可易也。"为什么说它"博而寡要，劳而少功"呢？其复云："夫儒者以六艺为法。六艺经传以千万数，累世不能通其学，当年不能究其礼，故曰'博而寡要，劳而少功'。若夫列君臣父子之礼，序夫妇长幼之别，虽百家弗能易也。"这样对儒家的分析，还是非常中肯的。六艺，是指《诗》《书》《礼》《乐》《易》《春秋》，这六艺是以周为主，包括夏、商、周三代历史文化的综合，其中一些传注是战国到汉初儒生附加上去的，如《仪礼》《周礼》上便有许多烦琐的东西，无法照搬。父子、兄弟、夫妇、朋友、君臣，只要家庭和私有制及国家还存在，那么这些人与人之间最基本的相互关系还是存在的。关于处理这些相互关系的伦理观念，儒家的论述还是非常有价值的。事实上，即使在革命运动高涨的时期，我们也不可能用革命同志的关系取代人与人之间的其他伦理关系。此外，孔孟关于一个人如何为人、如何学习这些方面的内容，在《论语》和《孟子》以及《荀子》中都有许多精辟的论述，即使在今天读来还是有益的。《论语》的第一句话："学而时习之，不亦说乎？”此外，诸如“学而不厌，诲人不倦”“君子聚于义，小人聚于利”“放利而行，多怨”，都还是能给人以教益的，对儒家要作分析。汉儒如董仲舒的《春秋繁露》在伦理学方面确实有很多精辟独到的见解，而他由“天人合一”引申出借灾异作预言来与君主谈论现实政治问题，实际上是把儒学引向神学化了。而王莽改制以儒学作为思想资源，所沿用的却是儒学中消极的一面。他想把累世不能通其学的六艺搬到现实生活中来，例如他搞“明堂”“辟雍”之类的建筑，随意更改地区和官制的名称。借助这些形式主义和烦琐哲学的东西，势必会四处碰壁，反而把原来的社会秩序搞乱了。若用上海方言讲，“这算啥名堂呢？”这是一条走不通的死胡同。又如他把董仲舒灾异说以及祥瑞符命这些神学迷信的东西发挥到极致，死到临头，他抱着“符命”逃到宫中的渐台，最终还是死在台上。这些靠迷信骗人的东西只能欺人于一时，不能骗人于一世，它一旦被人识破，那便成为促使改制失败的一个重要因素。

关于法家，司马谈在《论六家要旨》中，也有两段非常精辟的分析，其云：“法家严而少恩；然其正君臣上下之分，不可改矣。”还说：“法家不别亲疏，不殊贵贱，一断于法，则亲亲尊尊之恩绝矣。可以行一时之计，而不可长用也，故曰‘严而少恩’。若尊主卑臣，明分职不得相逾越，虽百家弗能改也。”法家所强调的那套东西，“可以行一时之计，而不可长用也”，确实说到点子上了。它的优点是主张在法制面前人人平等，职务上的分工不得逾越；它的问题是为了划清界限，统一法令，亲亲之恩绝矣。“文革”时期，为了划清阶级界限，把传统的伦理观念给破坏了。全局与局部，眼前与长期，个别与一般，应从实际出发，有所区别，如大义灭亲的事，应该有，但它只能是在特殊的场合，至于在一般和通常的情况下，主要还是亲亲之间的伦常关系。社会生活是复杂而多元的，在处理复杂的问题时，有经也有权，在不同情况下，应对的方针是不一样的。故法治有时也不能简单化地一刀切，那么多事在一起，总有轻重缓急，某一时刻总还有必须权宜之处，故原则和变通总还有因地、因时、因人共存的情况。反之，亦是如此。这方面我们过去所犯片面性错误的教训确实非常深刻。

故在分析商鞅变法与王莽改制的过程中，应分别对其思想资源有适当的关注和理解。在准备这两篇讲稿的过程中，我也深深反思“文革”后期尊法评儒时的一些失误，那时候，我们论述儒法斗争史，缺少两点论，多少犯有一些形而上学和片面性的错误。责任在我们执笔者的身上，故在这次讲课时，我就尽量注意改正了。

上篇

从商鞅到韩非——战国时代的改革

所谓变法和改革，便是上上下下重新分蛋糕的事，弄不好打起架来，也很难说。触及人们的既得利益比触及灵魂还难。所以领导变法的人要有承担风险的思想准备，要有迎难而上的精神，要有拼搏的精神才行。

前言：从商鞅变法说起的缘由

战国时期，变法改革的运动在各国此起彼伏，代表变法的主流意识形态是法家，法家最早的思想家是商鞅。那个时期在历史上影响最大的改革，是商鞅在秦国的改革，他为秦统一六国奠定了基础，故商鞅在人们心目中，是中国历史上最早的改革派的代表人物。记得当年在上海上演话剧《商鞅》时，朱维铮是顾问，朱镕基在上海观剧时，还激动得为之流泪。改革的事不可能十全十美，有所得，必有所失，有付出当然会有牺牲，没有失败和牺牲的准备怎么行呢？ 1998 年 3 月，朱镕基在两会闭幕的记者招待会上说："哪怕前面有地雷阵，有万丈深渊，也要勇往直前，鞠躬尽瘁，死而后已。"在湖南代表团的讨论会上讲"我抱着粉身碎骨的决心来干这件事"。这些狠话，无非说明他有为改革牺牲个人的思想准备。商鞅为变法最终作出了牺牲，这也许是打动朱镕基的一个原因吧！商鞅的改革就是变法，从思想流派上讲，他不是儒家，是法家早期的代表人物。毛泽东在晚年要我们标点大字本时，便很关注与商鞅相关的代表作，他要我们为他标点注释了《商君书》中三篇文章：《更法》《画策》与《农战》，都是讲如何改革的问题。可见早在1974年4月间，毛泽东已对改革派商鞅变法非常重视了。《商君书·更法》及《史记·商君列传》中有商鞅两句名言，其中一句是“三代不同礼而王，五伯不同法而霸”。三代是指夏、商、周，五霸是指春秋时的齐桓公、晋文公、秦穆公、宋襄公、楚庄王。意谓夏、商、周的礼制各有差异，五霸的法度各不相同，换一句话说是没有一成不变的礼制与法制，礼与法皆因时而有所变异。另一句名言是：“治世不一道，便国不必法古。”意谓国家的管理从来没有一成不变的办法，只要便于国家管理，不一定要效法古代。所以在商鞅看来，“礼法因时而定，制令各顺其宜，兵甲器备各尽其用”。意谓礼和法根据当时的形势来制定，诏书和命令要根据实际情况来下达，各种武器配备都要适应便于使用的目的。商鞅这些话是他在秦孝公面前与保守派甘龙和杜挚辩论要不要变法时说的。商鞅讲的道理奠定了秦孝公实施变法的决心，商鞅变法便是从这一次庭前辩论开始的。

一、商鞅其人

商鞅，姓公孙，名鞅，出身于卫国的贵族家庭，少年好刑名之学，商是他的封地。刑名，指法家的学说。《韩非子·二柄》："人主将欲禁奸，则审合刑名者，言与事也。"刑与形相通，名是指言。君王对臣子的考核，是考核他所言与所为之事是否相合。"功当其事，事当其言，则赏；功不当其事，事不当其言，则罚。"（《韩非子·二柄》）法家强调所言与所为之事的关系，故后人称法家的学说为刑名之学。法家的另一代表人物是申不害，司马迁在《史记》中便称"申子之学本于黄老而主刑名"，司马迁把老子、庄子、申不害、韩非放在同一篇，实际上是把法家看作老子道家学说的一个支脉，"太史公曰"中说法家"原于道德之意，而老子深远矣"，指法家的思想是由老子的《道德经》演化而来，叙述王者如何治天下，也就是如何管理国家的学说。关于道家的学说，《汉书·艺文志》的《诸子略》之"道家类"，称："道家者流，盖出于史官，历记成败存亡祸福古今之道，然后知秉要执本，清虚以自守，卑弱以自持，此君人南面之术也。”其著录的道家学派有三十七家，著作九百九十三篇，《老子》即今之《道德经》五千言，其他大部分著作都散佚了。《老子》是保留下来了，1993年荆门郭店楚墓发现了竹简本《老子》。1973年12月，长沙马王堆出土了帛书《老子》，同时出现的还有《经法》《十六经》《称》《原道》四篇，即为《汉书·艺文志》著录的《黄帝四经》。道家的学说流派很多，在战国到秦及汉初思想领域占支配地位。道家的基本观念是从哲学上总结成败存亡祸福的历史经验，目的是帮助统治者秉要执本，清虚自守。在不同领域，道家可以分成不同的派别，如庄子是放者为之；法家是讲君人南面之术，如韩非子的作品；兵家是讲战略战术，如《孙子兵法》，这都是战国时期道家在不同领域的流变。在不同时期，道家的流变亦各有不同。从秦汉之际到汉初，是黄老之学占主导地位。《汉书·曹参传》记载：“闻胶西有盖公，善治黄、老言，使人厚币请之。既见盖公，盖公为言‘治道贵清静而民自定’，推此类具言之。参于是避正堂，舍盖公焉。其治要用黄、老术，故相齐九年，齐国安集。”

魏惠王在位时，商鞅在魏相公叔座手下做中庶子，公叔座知道商鞅有才能，曾向魏惠王推荐，魏惠王没有当一回事。公叔座去世以后，商鞅听说秦孝公在秦国招贤纳士，想恢复秦穆公的霸业，于是由魏入秦，通过孝公的宠臣景监求见于秦孝公。秦孝公，秦国嬴姓，名渠梁。秦孝公即位时只有二十一岁，秦孝公元年是公元前361年，在位二十四年，终年不过四十五岁，古代王者长寿的人不多。秦孝公在即位的第一年，想到要变法图强而招贤纳士，与他所处的国际国内环境有关。当时函谷关以东的六国——齐、楚、魏、燕、韩、赵并立而比较强大。秦僻处雍州，与秦国接壤的是楚国和魏国。秦在关中处于楚、魏之间，北有魏筑长城，自郑滨洛以北有上郡，南之汉中、巴、黔中皆为楚所有。那时中原诸国把秦当作夷狄来看，不让它参加中原诸侯的会盟。孝公即位后之所以要发奋图强，一方面是由于外有列强相逼，另一方面是因国家内忧不断。正是在这样一个内外环境逼迫下，秦孝公才下令招贤纳士，称："宾客群臣有能出奇计强秦者，吾且尊官，与之分土。"（《史记·秦本纪》）也正是在这个历史背景下，秦孝公与商鞅见面。

改革和变法，都是统治者在相应的内外环境逼迫下，不得不发奋图强的。同时这也是一个不断奋斗，仁人义士为之付出代价和牺牲的过程。所有的成功和胜利背后，都有一个付出代价和阵痛的过程。商鞅变法是如此，中国历史上的许多次改革和变法也都是如此。如果没有这一点认识，那就谈不上什么真正的改革家了。现在改革已经成为一个流行的词语了，然而真正的变法改革并不如什么人都能说的口头语那么轻松啊！

二、《更法》与《画策》

《商君书》的三篇文章《更法》《画策》《农战》，集中体现了商鞅变法的基本观念，所以我们就从这三篇文章说起。

《更法》记载了商鞅在秦孝公面前与甘龙、杜挚二人辩论能不能变法、该不该变法的问题。这是一次讨论会，会议的主题是秦孝公提出来的，也是他主持的。为什么要开这次讨论会，是秦孝公考虑到当时“世事之变”，即战国中叶，秦与关东诸国相处形势发生变化。“讨正法之本”，商讨在这个形势下，应对这个变化可以采取的政策法令是什么；“求便民之道”，考虑如何动员民众的力量来应对面前的矛盾和问题。在会议开始的时候，秦孝公便提出想变法，也就是改变原来的法制以适应形势的需要。他说：“代立不忘社稷，君之道也；错法务民主长，臣之行也。今吾欲变法以治，更礼以教百姓，恐天下之议我也。”社稷，是国家的代称，社是土神，稷是谷神，这里意为国家大事。秦献公去世，秦孝公即位，故称代立。这一段话的意思是，“我”代替秦献公即王位，理应不能忘记考虑当前国家的大事究竟是什么。这便是为君之道。“错法”，“错”通“措”，意为施行，是指如何推行法令；“务民主长”，这个“民”是“明”之讹。刘向《新序·善谋》引此句作“务明主长”，意谓推行法令必须阐明君主善良的意图，这是为人臣者应该做到的。“今吾欲变法以治，更礼以教百姓，恐天下之议我也”，此句意谓现在“我”想变法来治理国家，改革原来的法律制度，改革旧的礼制来教育和训练百姓，但是忧虑天下会不会因此而议论于“我”。从这一段话可以知道，最早想变法图强的是秦孝公，让朝廷的三个大夫即公孙鞅、甘龙、杜挚一起来议论一下，看是否可行。这三个人中，公孙鞅是改革的激进派，甘龙与杜挚是保守派，不赞成更改已有的法度。

公孙鞅支持秦孝公要求变法的愿望，故他首先发言。这次发言的要点有二，一是：“臣闻之：‘疑行无成，疑事无功。’君亟定变法之虑，殆无顾天下之议之也。”他首先消除秦孝公的疑虑，凡事不能犹豫不决，不可过多顾虑他人的议论。其实每一次改革都会有不同政见的议论，北宋王安石变法时，也是众说纷纭，那时流传过他的一句名言：“天变不足畏，祖宗不足法，人言不足恤。”即“三不足”说。毛泽东在“文革”后期也重提过这“三不足”说，也就是不能因为不同意见的议论而犹豫不决。公孙鞅提到的要点之二是：“法者所以爱民也，礼者所以便事也。是以圣人苟可以强国，不法其故；苟可以利民，不循其礼。”这两句话的意思是，法令的设置是为了爱护民众，礼制的设置是为了便利行事，因此对圣人来说，如果能够使国家强盛，那就用不到按照老规矩办事；如果对民众有利，就不必沿用旧的礼制。公孙鞅这一番话是为了坚定秦孝公要求变法的决心，所以秦孝公称赞公孙鞅这一番话“善”，也就是好的意思。

甘龙提出异议，他说：“圣人不易民而教，知者不变法而治。因民而教者，不劳而功成；据法而治者，吏习而民安。”他认为依照秦国之故俗和既成的法制来管理，那么官吏们熟悉，民众也安心。

公孙鞅回答说：“子之所言，世俗之言也。”即认为甘龙说的是世俗人们的观念，一般人都安于故习，然而“三代不同礼而王，五霸不同法而霸”，还说：“拘礼之人不足与言事，制法之人不足与论变，君无疑矣。”即对那些拘于旧礼俗的人，不值得和他们讨论国家大事；受制于旧法的人，不值得与他们商量变法的事，认为秦孝公不应对变法的事有任何怀疑了。

杜挚又进一步提出异议，其云：“臣闻之，利不百，不变法，功不十，不易器。臣闻法古无过，循礼无邪。君其图之。”他认为没有百倍的利益就不要变法；器物没有十倍的功效，就不要更易，所以还是照老的办法做，没有什么太大的风险，遵循大家习惯的礼俗，不至于出什么大的差错，所以请君王郑重考虑变法可能有的风险。

公孙鞅回答称：“前世不同教，何古之法？帝王不相复，何礼之循？”即历代的教法都不相同，你去效法哪一代的古法？历代帝王的礼制都有变化，你去遵循哪一代的礼制啊！所以公孙鞅的结论是“礼法以时而定，制令各顺其宜，兵甲器备各便其用”，“治世不一道，便国不必法古”。换句话说，一切都要从当前实际需要出发来考虑问题，用现在的话讲，那就是要解放思想。由此他说：“反古者未必可非，循礼者未足多是也。”意谓违反传统法制的做法未必就被否定，遵循旧的礼俗者未必都对。这个精神，集中一点就是毛泽东曾经说的厚今薄古，一切从当前出发，要实事求是。

经过这样一番辩论，秦孝公下定决心变法了。他说：“穷巷多恡，曲学多辩。愚者笑之，智者哀焉。”即处于穷乡僻壤的人，往往缺少见识。“恡”，同“吝”，鄙陋的意思。“曲学”，指甘龙、杜挚这两个守旧的人却喜欢诡辩。“寡人不之疑矣”，“我”对变法的事不再有任何怀疑了。

从《更法》这一篇的文字，可以看到秦孝公还是有一点民主精神的，在最后决策之前，还是能听取各种不同意见，是非分清以后，才下决心实施变法。用现在的话讲，就是民主集中制，决策前发扬民主，倾听各种不同的意见，权衡各种利弊得失，把问题都基本弄清楚以后再集中统一。这也许是中国的传统，与西方以公投来作为决策根据的做法不同。公民投票所作决定，是不是一定正确，那很难说，投票人不一定清楚其中的是非与利害关系，带有相当的盲目性。苏格拉底是希腊有名的古典哲学家，他就是通过公投被处死的。法国大革命时的领袖罗伯斯庇尔，也是通过公投被送上了断头台。我们的办法，不一定比西方逊色。

《画策》是《商君书》的第十八篇，是公孙鞅建议推行变法的措施，这里不全文引了，文中的精神集中于这样两句话：

> 以战去战，虽战可也；以杀去杀，虽杀可也；以刑去刑，虽重刑可也。

这句话的意思是，战争当然不好，当敌人把战争强加于我们身上的时候，只有以战争来制止战争，彻底打败和消灭对方的军事力量。过去我们搞武装斗争就是这么一回事。抢劫杀人对社会治安当然不好，处理的办法，对故意杀人的犯人严惩不贷，那就能改善社会治安。刑罚当然是一件痛苦的事，为了减少和免除刑罚，那就以重刑相威胁，从而使人不敢再违法犯罪，从观念上讲，可以称之为重刑主义。当然这种重刑严惩，往往会错杀人，会有冤案。中国古代历次运动都有严刑峻法开道，但这也应有一个度，不能长期持续依靠这种办法，持续时间久了，它也会走向反面。任何处置问题的手段，都有一定的时间和条件的限制，都不是亘古不变的，因时而变才是恒定的法则。

变法的目标是“兵出而无敌，令行而天下服从”。法令的推行要做到“法必明，令必行”，要“如以高下制水，如以燥湿制火”。换句话说，法令的推行要有一股势头，冲决而下，没有任何力量可以阻挡。《孙子兵法·势》讲：“激水之疾，至于漂石者，势也；鸷鸟之疾，至于毁折者，节也。是故善战者，其势险，其节短。势如彉弩，节如发机。”还说：“故善战人之势，如转圆石于千仞之山，势也。”法令的推行要有一股雷厉风行的势头，温文尔雅是搞不下去的。公孙鞅推行变法，实际上是用兵家打仗的办法来推动这场变法运动。但是，运动造势的办法不是万能的，许多事需要有制度的规定，靠经常性工作才能持之以恒。

《汉书·艺文志》是现存中国古代最早的图书目录，分类著录了中国古代的典籍，分为七大类，故称《七略》，这七略是《六艺略》《诸子略》《诗赋略》《兵书略》《术数略》《方技略》。在这部目录著作中，《商君书》被重复著录两次，一次是著录在《诸子略》的法家一类，称：“《商君》二十九篇，名鞅，姬姓，卫后也，相秦孝公，有列传。”另一次是著录在《兵书略》，称：“《公孙鞅》二十七篇。”著录两处的还有一部书，即《孙子兵法》，在《诸子略》和《兵书略》中都有著录。这里透露一个信息，商鞅的思想在先秦诸子中，融合了道家、兵家、法家学说。他的思想源于道家；用以处理政治经济问题时，那是法家；用以处理战争问题，那是兵家，他的变法又是为战争服务的。了解这一点，对我们下面分析他思想的特征和源流有很大好处。

三、《农战》

《农战》这一篇，讲述了商鞅变法最基本的方面。《更法》的最后一句话，是“遂出《垦草令》”。这个命令的中心便是《汉书·食货志》所说的“秦孝公用商君，坏井田，开阡陌，急耕战之赏”。中国古代社会的分工无非是士农工商四类，还是《汉书·食货志上》所言：

> 是以圣王域民，筑城郭以居之；制庐井以均之；开市肆以通之；设庠序以教之；士、农、工、商，四民有业。学以居位曰士，辟土殖谷曰农，作巧成器曰工，通财鬻货曰商。

四民之中，工匠作为匠户是居住在城市，商居住于市肆，士亦居于城郭，只有农居于郊野，故城乡户籍的区分，古已有之，而农是按井田制安置其垦田和庐舍。《汉书·食货志上》还有这么一段话：

> 理民之道，地著为本。故必建步立亩，正其经界。六尺为步，步百为亩，亩百为夫，夫三为屋，屋三为井，井方一里，是为九夫。八家共之，各受私田百亩，公田十亩，是为八百八十亩，余二十亩以为庐舍。出入相友，守望相助，疾病相救，民是以和睦，而教化齐同，力役生产可得而平也。
>
> 民受田：上田夫百亩，中田夫二百亩，下田夫三百亩。岁耕种者为不易上田；休一岁者为一易中田；休二岁者为再易下田，三岁更耕之，自爰其处。农民户人已受田，其家众男为余夫，亦以口受田如比。

在古代，人口少，土地荒芜，井田制实际上是众人垦荒中的土地分配办法。这种分配土地的方法各有定额，有的相当于宅基地和自留田，有的相当于责任田。井田制分配土地的办法着眼于控制人口，也就是让农民居有定舍，所以要有井田式的经界，目的是保障公田上的劳役和兵役，士兵亦是从垦田的农民中产生。孟子讲古代的井田制是把它理想化了，实际上这是把农民束缚在土地上，以保障税收和兵役的来源。《汉书·刑法志》称：

税以足食，赋以足兵。故四井为邑，四邑为丘。丘，十六井也，有戎马一匹，牛三头。四丘为甸。甸，六十四井也，有戎马四匹，兵车一乘，牛十二头，甲士三人，卒七十二人，干戈备具，是谓乘马之法。

从这一段话，可以知道在古代是耕战合一、兵农合一的。农民除了税负以外，最重的负担是兵役。农民服兵役要自备口粮、马匹和器械，尽管这是由若干户共同承担，然而对农民而言，仍然是最沉重的负担。

齐桓公时任用管仲，《汉书·刑法志》叙述其采取的措施：

作内政而寓军令焉，故卒伍定虖里，而军政成虖郊。连其什伍，居处同乐，死生同忧，祸福共之，故夜战则其声相闻，昼战则其目相见，缓急足以相死。其教已成，外攘夷狄，内尊天子，以安诸夏。

齐桓公任用管仲而成为春秋五霸之首，军事力量的强大，是建立在小农经济的基础上，采取寓兵于农的办法，只要农民依井田制附着在土地上，那么农业发展了，士兵的来源也有了，农村富裕了，军队的装备也有了，强兵的基础是强农。古代以车战为主，卿大夫之家，其役使的农夫可以备百乘战车，称“百乘之家”；

诸侯之国具备千乘战车，称为“千乘之国”；天子可以具备兵车万乘，故称“万乘之主”。农民在农忙时忙于农事，农闲时进行军事训练，有战事时便外出服兵役，农与战二者紧密相连，军队的士兵是从农民中来的。

《商君书·农战》的中心思想，便是使农民专心于农事，从而强兵以达到强国的目标。所以商鞅一是反对空谈，认为空谈误国；二是反对靡事商贾；三是鼓励开垦，发展农业，以农业为基础，农业发展，兵源也有了，国家也就强大了，这便是《农战》篇贯穿始终的观念。故他在《农战》篇提出：“国之所以兴者，农战也。”他说：“善为国者，仓廪虽满，不偷于农。国大民众，不淫于言，则民朴壹。民朴壹，则官爵不可巧而取也。不可巧取，则奸不生。奸不生，则主不惑。”这段话的意思是，善于治理国家的君主，仓库粮食贮备尽管已经充实，对农业生产的督促仍然不能有任何忽视。尽管国家大了，民众多了，大家也不受士子花言巧语的迷惑，因为空言误国。人民朴实了，专心于农战，那些人便不能以花言巧语来骗取官爵了，这样的话奸邪便不会产生，君主也不会受他们的迷惑。商鞅还在《农战》中说：

夫民之不可用也，见言谈游士事君之可以尊身也、商贾之可以富家也、技艺之足以糊口也。民见此三者之便且利也，则必避农。避农，则民轻其居。轻其居，则必不为上守战也。

这是从君主如何治国的角度讲，他还是借农民的视角来阐述，云“百姓曰：‘我疾农，先实公仓，收余以食亲；为上忘生而战，以尊主安国也’”。反过来则是：“仓虚，主卑，家贫。然则不如索官。”这两段话的意思是，百姓说：“我努力从事农业生产，每年收获先交给国家，剩余的来抚养亲人，不惜牺牲生命为国家作战，为的是尊敬君主，安定国家。如果我这样努力的结果，还是仓库空虚，君主地位低下，自己的家庭陷于贫困，那还不如靠游说去谋求官爵。”他再从如何为国的角度讲：“善为国者，官法明，故不任知虑。上作壹，故民不俭营，则国力抟。国力抟者强，国好言谈者削。”全句的意思是，善于治理国家的君主，国法严明，所以不任用卖弄聪明的人；君主实行统一的农战政策，人民就不会去从事不正当的经营，这样国家的力量便专一而集中了。国力如能专一而集中于农战，国家就强大；如果这个国家喜好言谈游说的士子，提倡空谈，扰乱人们的思想，那么国家便会被这种空谈所误而削弱。他这么说是因为战国起始，纵横家流行，空谈的人多，投机取巧的人多，脚踏实地实干肯干的人少。这些意见在当时是有针对性的，所以他还说：“百人农，一人居者王；十人农，一人居者强；半农半居者危。故治国者，欲民者之农也。”这句话的意思是，一个国家，如果一百人在从事农耕，只有一个人坐食，那么必然能成就王业；十人种田，一人坐食，至少能使国家富强；一半人种田，一半人坐食，那么国家就有危险了。因此，要管理好国家，就要引导人民关注农业生产。他的结论是："惟圣人之治国作壹，抟之于农而已矣。"圣人管理国家大事时，推行以农业为基础的基本政策，奖励农战，使全国人民都专注于发展农业生产。毛主席当年要读《商君书》中《更法》《画策》《农战》这三篇文章，亦还是含有深意。而商鞅的这些话，现在看来还是有现实意义，农业是基础，粮食的生产不能保障供应，国家将很难独立自主了。现在我们的农业生产，高度依赖化肥和机械化，因此原油的消耗日增。有资料显示，2005—2011 年，我国进口的原油从 1.27 亿吨增加到 2.54 亿吨，增长了 1 倍，而付出的时值则是从 477.2 亿美元增长到 1 966.6 亿美元，增长了 3 倍多，这个情况从长期来看是难以为继的。从粮食的供求关系上讲，我们现在每年进口的粮食已达到 6 000 万吨，从长期看，这也是难以为继的。国际上粮价有一个上升的趋势，我们进口什么，他们就大幅涨价。我们可以利用国际国内两种资源，但最根本的还是应该自力更生，否则人家能卡我们的脖子。一些国家在南海问题上闹腾，无非是卡我们运输的通道。全球化并非意味着风平浪静、天下太平，从世界范围看战争还是连年不断，那些肆言可以依靠进口粮食，放手圈占农民土地的言论，是误国害民的。这一类信口开河的议论，我们应该群起加以痛斥，不能为这种谬论提供市场。要懂得许多事，没有远虑，必有近忧。

四、商鞅变法措施之一

关于商鞅变法的具体措施，《史记·商君列传》有一段记载，就其内容，可以分成五个部分，其一：

> 令民为什伍，而相牧司连坐。不告奸者腰斩，告奸者与斩敌首同赏，匿奸者与降敌同罚。

这里“令民为什伍”，即是管仲的作内政而寄军令，其中有：“五家为轨，轨为之长，十轨为里，里有司。”此言农民村落中的基层组织，即以五家为一伍，什伍为一连。所不同的是，商鞅建立邻里之间告奸的制度，这就是通过连坐的办法，加强对基层农村政权的控制，通过放手举报的办法，使大家都只能安分守法以营生。其二：

> 民有二男以上不分异者，倍其赋。

这是鼓励大家分门立户，以利于农耕。过去是大户，一户有好几个男丁，授田是依丁口授的。《汉书·食货志上》关于井田制的叙述讲到户时，说有余丁，说明一户不只是一个男丁，一户一个男丁，便是为了扩大垦田的规模。与此相联系的便是废井田、开阡陌，原来的经界便打破了，草地可以自由开垦了，自然会促进当时的农业生产，而且开垦的土地可以自由买卖了。马端临的《文献通考·田赋》便说到“秦开阡陌，遂得买卖”。由于秦地空旷，借此以招徕三晋的人口来垦荒。《文献通考·兵考一》说：“秦地旷而人寡，晋地狭而人稠，诱三晋之人耕秦地，优其田宅。”这里讲的赋，是指农民负担的赋役。商鞅的这条措施，对鼓励和发展当时秦国地区关中平原上的农业生产是非常有利的。事实上这些措施魏国早就实行过，商鞅出身于魏国，魏文侯时，李悝就曾提出“尽地力之教”的建议。此事见于《汉书·食货志上》，其云：

> 李悝为魏文侯作尽地力之教，以为地方百里，提封九万顷，除山泽、邑居参分去一，为田六百万亩，治田勤谨则亩益三升，不勤则损亦如之。地方百里之增减，辄为粟百八十万石矣。

李悝还为当时一个五口之家的农户算了一笔细账，其云：

今一夫挟五口，治田百亩，岁收亩一石半，为粟百五十石，除十一之税十五石，余百三十五石。食，人月一石半，五人终岁为粟九十石，余有四十五石。石三十，为钱千三百五十，除社闾尝新、春秋之祠，用钱三百，余千五十。衣，人率用钱三百，五人终岁用千五百，不足四百五十。不幸疾病死丧之费，及上赋敛，又未与此。此农夫所以常困，有不劝耕之心。

通过这一笔细账，可以知道当时一个五口之家，有一百亩土地，一年农耕的收入，还无法支付疾病死丧的费用。五口之家一百亩，人均土地是二十亩，现在人均土地只有几分几厘，一个家庭一对夫妻，上有二老，下有一小，依靠纯农业收入是无法生存的，只有外出打工，依靠廉价的工薪收入来补家庭收支的缺口，一旦有病伤，就难以应付了，因病返穷，那几乎是一种规律了。故当年商鞅要秦国以农立国，废井田、开阡陌势在必行，只有放手让农民开垦草莱，才能增加农民的收入。其三：

有军功者，各以率受上爵；为私斗者，各以轻重被刑大小。僇力本业，耕织致粟帛多者复其身。事末利及怠而贫者，举以为收孥。

这一条是鼓励民众立军功，禁止私斗，鼓励从事农耕纺织的本业，限制末业，即是限制商贩。因从事末利而致贫者，则罚充奴隶。关于军功，《汉书》记载：“商君为法于秦，战斩一首赐爵一级，欲为官者五十石。其爵名：一为公士，二上造，三簪裹，四不更，五大夫，六官大夫，七公大夫，八公乘，九五大夫，十左庶长，十一右庶长，十二左更，十三中更，十四右更，十五少上造，十六大上造，十七驷车庶长，十八大庶长，十九关内侯，二十彻侯。”这个二十等爵在汉初还是执行的，刘邦打败项羽称帝以后，军队要复员了，刘邦有两条诏令，见于《汉书·高帝纪下》，其云：

诸侯子在关中者，复之十二岁，其归者半之。民前或相聚保山泽，不书名数，今天下已定，令各归其县，复故爵田宅，吏以文法教训辨告，勿笞辱。民以饥饿自卖为人奴婢者，皆免为庶人。军吏卒会赦，其亡罪而亡爵及不满大夫者，皆赐爵为大夫。故大夫以上，赐爵各一级。其七大夫以上，皆令食邑；非七大夫以下，皆复其身及户，勿事。

…………

七大夫、公乘以上，皆高爵也。诸侯子及从军归者，甚多高爵，吾数诏吏先与田宅，及所当求于吏者，亟与。

爵或人君，上所尊礼，久立吏前，曾不为决，甚亡谓也。异日秦民爵公大夫以上，令丞与亢礼。今吾于爵非轻也，吏独安取此！

这两段刘邦关于军队复员的待遇，地方上没有认真执行，刘邦有些牢骚，他下这两条诏书的目的，是督促地方官执行。从这两条诏令，可以知道军兵以军功授爵是得到执行的，即斩一首级，给爵一级，有了爵位便可以有待遇，这包括授予田宅及农户作为封邑。秦国这些制度上的规定是商鞅变法时便定下来的，而被赐予的采邑之户，便是从三晋移民来的人口。马端临的《文献通考·兵考一》讲："以秦地旷而人寡，晋地狭而人稠，诱三晋之人耕秦地，优其田宅。而使秦人应敌于外，大率百人则五十人为农，五十人习战。"这大概便是商鞅农战政策的核心部分。

李悝的"尽地力之教"与商鞅的耕战政策，都把保护和发展小农经济作为增强武装力量的一项重要措施。汉代晁错的《募民相徙以实塞下疏》也是毛泽东要我们标点注释的大字本中的一篇文字。该文是与《商君书·农战》同时下达的任务，它的中心思想是抗击匈奴的中长期政策措施，是移民屯边，也是着眼于保护和发展小农经济，以增强抗击匈奴的军事力量。曹魏的兵家制度、北魏隋唐的军兵制度，包括北周的府兵制，虽然起源于部落兵制，但都有土地分配的规定。士兵来源于小农，《木兰辞》是北朝的作品，实际上是当时军户和府户生活的反映，本来是一件辛酸的事，作品把它美化了。马克思在《资本论》第一卷第二十四章，“所谓原始积累”的注释称：

> 培根说明了自由的富裕农民和优秀的步兵之间的联系。“保持足够的租地，以保证强壮的男子不致贫困，使王国的大部分土地牢靠地掌握在自耕农，即处于贵族和茅舍贫农、雇农之间的中等地位的人的手里，这对维持王国的威力和风度是非常重要的……军队的主力是步兵。但是，要建立一支优秀的步兵，就需要不是在奴役或贫困中而是在自由和小康的状况下成长的人。因此，如果在一个国家里，贵族和上流人士占重要地位，而农村居民和庄稼人却是他们单纯的劳动者或雇农，却是茅舍贫农，即有栖身之处的乞丐，在这种情况下，可能会有一支优秀的骑兵，但决不会有一支坚强卓绝的步兵。”

反过来讲，在中国历史上，自耕农的衰落，也就预示着王朝的衰落，从这里也可以看到商鞅农战政策对秦国强大以至统一六国的重大意义了。

中国的封建社会是以小农经济为基础的，军队的基本成员来自小农，所以小农的经济状况决定军事力量的强弱，同时那时国家的赋役租税亦来自小农，小农的经济状态决定着国家的经济力量。所以每当小农经济状况受到威胁时，一些稍有远见的政治家和思想家便要大声疾呼，反对土地兼并，限民名田的建议也就必然产生了。为了保证军事力量，保证军户的土地占有，把军户与民户分开，免除军户的其他负担，这个设计的出发点固然好，但实际执行时，事与愿违，军户的政治和社会地位，不仅没有上升，反而下降了。比如，曹魏的兵家成为贱民，明朝的卫所制到了后期，军府的户口反而负担更重的徭役。故从一个王朝小农经济状况的变化，可以估计到一个国家或者王朝国力的变化，二者几乎是同步的。即便是现代的中国，也很难逃出这一条规律，农村的荒芜和衰落，恐怕是国力衰落的前兆。农村的小农经济是自给自足的自然经济，市场经济的发展，商品市场的发达，必然冲击着农村的自然经济。以农立国，建立在小农自然经济基础之上的王朝，为了维持王朝的生存基础，自然要采取重农抑商的政策。董仲舒的重本抑末，成了中国历代王朝的传统政策。工商业的发达，必然削弱传统的农业自然经济。土地商品化以后，土地兼并的浪潮便很难避免了。我们现在的土地关系，在城市化过程中，就处于这个门槛的边缘。中国的地理条件和人口的规模，决定了中国农业不可能走美国式的大农业的道路，也不可能走长期依赖粮食进口的道路，否则就是把圈套往自己脖子上套。我们十多亿人口不可能都走城市化的道路，要有一半左右的人口和劳动力留在农村从事农业。美国式的大农业是粗放型的，单产不高，他们是平原多，可以使用大型机械。我们是丘陵地多，坡地、梯田占了很大的比例，只能走小农精耕细作提高单产的道路，这是历史注定的命运。从备战的角度讲，决定战争最终命运的还是陆军的步兵。美国在阿富汗与伊拉克还是靠步兵作战，空中只能提供制空优势。但美国不可能有大规模的步兵队伍维持长期作战，海空优势毕竟是局部性的，信息战起作用的是人，不是信息技术。发展家庭农场，用科技提高单产，是我们以农业为基础，自力更生，强国强兵唯一可走的道路。重温商鞅变法中有关农战的观念，在今天仍然有很重要的现实意义。

五、商鞅变法措施之二

实施变法，一定要取信于民，《史记·商君列传》有这样一条记载：

> 令既具，未布，恐民之不信己，乃立三丈之木于国都市南门，募民有能徙置北门者予十金。民怪之，莫敢徙。复曰“能徙者予五十金”。有一人徙之，辄予五十金，以明不欺。卒下令。

这个“令”便是“垦草令”，也就是废井田、开阡陌之令。徙木城门赏赐五十金，只不过表示朝廷是言而有信，颁布的法令必然付诸实行。任何法令的实施，不仅仅是依靠官府，还得依靠民众的信任和共同努力。没有百姓与官府互动的过程，那个法令可能只是挂在墙上让人们观赏的作品。司马光在《资治通鉴》卷二《周纪二》有关商鞅变法的记载中，有一段很精辟的按语，他说：

夫信者，人君之大宝也。国保于民，民保于信。非信无以使民，非民无以守国。是故古之王者不欺四海，霸者不欺四邻，善为国者不欺其民，善为家者不欺其亲。不善者反之：欺其邻国，欺其百姓，甚者欺其兄弟，欺其父子。上不信下，下不信上，上下离心，以至于败。所利不能药其所伤，所获不能补其所亡，岂不哀哉！

历史上的任何变法，必然是利益的再分配，它当然会涉及贵族官僚这个既得利益的阶层。变法能否成功，那就要看执政者能不能大刀阔斧地排除一切贵族官僚们的阻挠。秦孝公的“垦草令”必然牵涉到相关既得利益者的对抗和抵制，《史记·商君列传》记载“垦草令”有这么一条：

宗室非有军功论，不得为属籍。明尊卑爵秩等级，各以差次名田宅，臣妾衣服以家次。有功者显荣，无功者虽富无所芬华。

宗室，也就是指秦国帝室之宗族，或称公族，都是出身为贵族的特权阶层。他们也一定要立有军功，才能属籍，也就是其贵族身份才能被承认。换句话说，他们的贵族身份，不能靠出身，要靠军功获得认可，有了军功，才能依功绩确定。由于爵邑是依照军功的次数和大小来确定的，那么其身份的尊卑，要依照军功所得之爵邑来确定高低，然后依照爵邑的高低来给予田宅，而其属下的臣妾所穿的服装，也得依照其爵邑来规定。这样有功绩的人会显得荣耀，没有功绩和爵邑的人，即使身为富豪也不显贵。这当然侵犯了贵族阶层的既得利益，他们怎么放得下架子，与普通百姓一起从底层做起去建功立业？这不把那些出身高贵的贵族公子给为难了吗？所以当商鞅变法的法令公布以后，反对的人不少。要认真行令，必须打破贵族公子们的反抗。《史记·商君列传》称：

> 令行于民期年，秦民之国都言初令之不便者以千数。于是太子犯法。卫鞅曰：“法之不行，自上犯之。”将法太子。太子，君嗣也，不可施刑，刑其傅公子虔，黥其师公孙贾。明日，秦人皆趋令。行之十年，秦民大说，道不拾遗，山无盗贼，家给人足。民勇于公战，怯于私斗，乡邑大治。秦民初言令不便者有来言令便者，卫鞅曰“此皆乱化之民也”，尽迁之于边城。其后民莫敢议令。

这个太子，就是秦孝公的儿子，后来即王位的惠文君，他的名字叫秦驷。为什么要处分太子的师与傅呢？是表示法令颁布后，不论是什么人触犯了法令，都要处分，唯其如此，才能取信于民。

韩非子在《扬权》篇说："以赏者赏，以刑者刑，因其所为，各以自成。善恶必及，孰敢不信！规矩既设，三隅乃列。"那就是根据他的行为，该赏的便赏，该处以刑罚的便处以刑罚，不避亲戚，那么谁还敢不信呢？规矩，是指法度，凡方物，正其一隅，则其余三隅皆自正矣。正因为处理了太子的师与傅，次日，大家都遵守秦孝公发布的命令了。《史记·秦本纪》讲道："卒用鞅法，百姓苦之；居三年，百姓便之。乃拜鞅为左庶长。"一项好的法令，也要经过一段时间的实践，才能为群众所接受，它是一个过程，一旦定型以后，那就不能因人而异了。从前面引刘邦的诏令，可以知道秦亡以后，商鞅定下的这套关于农战的制度仍然在贯彻执行。又如商鞅定的那些政策观念，仍然为历代统治者所遵循，譬如重农抑末的观念。刘邦在打败项羽以后，"乃令贾人不得衣丝乘车，重租税以困辱之。孝惠、高后时，为天下初定，复弛商贾之律，然市井之子孙亦不得为官吏"（《史记·平准书》）。这一条律文在有关士农工商在户籍上的区分，一直延续到唐。《唐六典·户部》有这样一条规定：

> 辨天下之四人，使各专其业，凡习学文武者，为士；肆力耕桑者，为农；工作贸易者，为工；屠沽兴贩者，为商。工商之家不得预于士，食禄之人不得夺下人之利。

这里规定了商人不得为仕做官，反之，士之为官者不得经商。士农工商的分类，商居末位，这个观念在《商君书·农战》已很明确了。但是这种观念与社会存在所呈现的状态，往往有不一致的地方，因为交换和流通是社会生产过程中不可或缺的一部分，官僚贵族阶级的消费需求，又不得不仰仗于商人的贸易。小农最基本的生产和生活资料，也不得不依靠工商业的生产和流通，如盐与铁器便是小农无法通过自己生产来满足自己需要的。春秋、战国之间出现过一批大商人，如果有时间读一下《史记·货殖列传》，那么可以知道当时著名的商人不少，秦始皇也很尊敬商人。如孔子的弟子子贡、越国的谋臣范蠡便是著名的商人，鲁国的猗顿是著名的盐商，赵国邯郸的郭纵是冶铁业的巨子，乌氏倮的畜牧业富至用谷量马牛，秦始皇曾为巴寡妇清筑怀清台。为什么这样？因为“用贫求富，农不如工，工不如商”。汉代蜀卓氏早年在赵国时，以冶铁致富。同于卓氏，南阳的孔氏也是以冶铁致富。宣曲的任氏，是以经营粮食致富。汉文帝时关中的无盐氏，以放债致富。关东的富家迁到关中，仍然是富商大贾，《史记·货殖列传》称：“关中富商大贾，大抵尽诸田，田啬、田兰。韦家栗氏，安陵、杜杜氏，亦巨万。”富商大贾，“大者倾郡，中者倾县，下者倾乡里”。抑商的政策只是叫叫而已，实际状况并非如此，尽管法律禁止商人从政，汉武帝时管财政经济的大司农，有不少就是商人。《汉书·食货志下》称武帝时，“以东郭咸阳、孔仅为大农丞，领盐铁事，而桑弘羊贵幸。咸阳，齐之大煮盐；孔仅，南阳大冶，皆至产累千金，故郑当时进言之。（桑）弘羊，洛阳贾人之子。以心计，年十三侍中。故三人言利事析秋豪矣”。商人精明，财政经济还得让商人来管，盐铁的专营就是东郭咸阳与孔仅在那里实施的。商人不得为官，从汉至唐，在律文上都有这条规定，但实际上遵守不了，官商之间有割不断的联系。范蠡是官员下海经商，子贡是亦官亦商。晁错在汉文帝时，形容那时商人的状况：

> 商贾大者积贮倍息，小者坐列贩卖，操其奇赢，日游都市，乘上之急，所卖必倍。故其男不耕耘，女不蚕织，衣必文采，食必粱肉；亡农夫之苦，有仟佰之得。因其富厚，交通王侯，力过吏势，以利相倾；千里游敖，冠盖相望，乘坚策肥，履丝曳缟。此商人所以兼并农人，农人所以流亡者也。今法律贱商人，商人已富贵矣；尊农夫，农夫已贫贱矣。（《史记 · 食货志上》）

然而，在商鞅变法以后，秦国的小农经济确实有一个飞跃发展的时期，因为“废井田、开阡陌”满足了农民对土地的要求。秦始皇统一六国的军事力量是以小农的青年精英为其军队的基础，然而连年的战争、无休止的徭役，使小农破产了，农民与官僚机构处于对立的状态，那么秦帝国也就开始瓦解了。陈胜、吴广起兵时，章邯所带来镇压农民军的军队，已不是来自小农了，而是以罪徒和奴产子为主体，他打不过刘邦和项羽了。中国历史上各个王朝小农的破产与军队地位的下降几乎是同时发生的，王朝距崩溃几乎只有咫尺之遥了。马克思说过："小农土地所有制按其本性来说是全能的，也是无数官僚立足的基础。"在中国历史上，那么多官僚如此为小农的遭际大声疾呼，让他们着急的不是农民悲惨的遭遇，而是专制主义官僚基础的动摇。马克思在《路易·波拿巴政变记》中，对小农的属性有过一段分析，他说：

> 小农人数众多，他们的生活条件相同，但是彼此并没有发生多种多样的关系。他们的生产方式不是使他们互相交往，而是使他们互相隔离。这种隔离状态由于法国的交通不便和农民的贫困而更为加强了。他们进行生产的地盘，即小块土地，不容许在耕作时进行任何分工，应用任何科学，因而他们没有任何多种多样的发展，没有任何不同的才能，没有任何丰富的社会关系。每一个农户差不多都是自给自足的，都是直接生产自己的大部分消费品，因而他们取得生活资料多半是靠与自然交换，而不是靠与社会交往。一小块土地，一个农民和一个家庭；旁边是另一小块土地，另一个农民和另一个家庭。

一批这样的单位就形成一个村子，一批这样的村子就形成一个州。这样，法国国民的广大群众，便是由一些同名数相加形成的，好像一袋马铃薯是由袋中的一个个马铃薯所集成的那样。既然数百万家庭的经济条件使他们的生活方式、利益和教育程度与其他阶级的生活方式、利益和教育程度各不相同，并互相敌对，所以他们就形成一个阶级。由于各个小农彼此间只存在有地域的联系，由于他们利益的共同性并不使他们彼此间形成任何共同的关系，形成任何的全国性联系，形成一种政治组织，所以他们就无法形成一个阶级。因此，他们不能以自己的名义来保护自己的阶级利益，无论是通过议会或通过国民公会。他们不能代表自己，一定要别人来代表他们。他们的代表一定要同时是他们的主宰，是高高站在他们上面的权威，是不受任何限制的政府权力，这种权力保护他们不受其他阶级侵犯，并从上面赐给他们雨水和阳光。所以，归根到底，小农的政治影响表现为行政权力支配社会。

马克思讲的是18世纪40年代末的法国农民，是与法国当时路易·波拿巴1848年的政变联系在一起的，因为那时法国的小农支持了这场政变，路易·波拿巴利用了小农对拿破仑的迷信，称自己为拿破仑第三。马克思称那时法国的小农有两种，认为支持波拿巴王朝的小农，是保守的农民，不是革命的农民，波拿巴王朝所代表的是农民的迷信。革命的农民是联合城市无产者力图去推翻旧制度的农民，从根本上解放被旧制度压迫的小农。中国在民主革命过程中，农民扛了枪把共产党送进城，因为共产党帮助他们推翻了压迫他们的旧制度，满足了他们对土地的要求。然而作为小农的存在，它又有一定的典型意义。商鞅维护小农的利益，是从强兵的需要，是从对外征服战争的需要来强农的，他不可能真正是农民利益的代表，而是从官僚集团自身的需要出发来为农民争取利益的。贾谊、晁错、董仲舒在为小农争取利益时，与商鞅关于农战的思想是一致的，尽管各自所处的形势有所不同，但他们的出发点是一致的，这反映的是官僚机构眼前利益与长远利益之间的矛盾。然而从眼前官僚集团政治经济的需要看，他们对各种奢侈品消费的需求，不得不借助于商人的贸易活动和财税上的支持，所以他们不能从根本上抑制商业的发展。汉武帝晚年在财政上就不得不仰仗于贾人出身的桑弘羊。“法律贱商人，商人已富贵矣；尊农夫，农夫已贫贱矣。”这种与执政理念相矛盾的现象，不仅存在于古代，同样也出现在近代。所以商鞅变法，本身是一个矛盾的复合体，放开土地的开垦是促进小农经济发展的一个办法，而抑商则是难以长期维持的，农商之间的矛盾始终存在，农与商这二者是官僚制度存在不可或缺的生存条件。故对商鞅变法的历史事件，亦还是要抱着分析的态度。只要保留庞大的小农经济，保留庞大的官僚制度，这一对矛盾永远客观存在。小农的命运只能是时好时坏，其实商人的不同遭遇也是如此，随着官僚机构内部的变化而沉浮不定，这大概也是中国的传统特色之一。而我们的国情，决定了我们还不可能短时期内完全摆脱小农存在的社会基础，也难以摆脱由此而带来的一系列社会矛盾和痛苦，但在一定时期取得一定程度的缓解则是可能的。

六、商鞅个人悲剧性的历史遭遇

秦孝公即位时二十一岁，在位的时间是二十四年，终年四十五岁。商鞅入秦应是在秦孝公元年（前 362 年），商鞅与甘龙、杜挚在秦孝公面前辩论是在秦孝公三年（前 360 年）。秦国下变法令，《史记·秦本纪》称："卫鞅说孝公变法修刑，内务耕稼，外劝战死之赏罚，孝公善之。甘龙、杜挚等弗然，相与争之。卒用鞅法，百姓苦之；居三年，百姓便之。乃拜鞅为左庶长。"这应该是在秦孝公六年（前 357 年），商鞅在秦变法推行三年以后，才取得认可。从秦孝公三年起，到秦孝公二十一年（前 341 年），商鞅与秦孝公相处前后有十八年时间。

从秦孝公七年（前 356 年）开始，秦国再次对外扩张。那一年秦孝公与魏惠王相会于杜平，其地理位置在今陕西省中部，今之澄城县境内，为秦、魏交界之处，魏防秦之长城就在边上，当时魏比秦强大。

次年，秦与魏战于元里，其位置在今陕西澄城县之南，可见上一次秦魏之间的会盟并没有谈妥。这一次是魏国失败了，秦国取胜，斩首七千级。秦法规定，战争中斩敌军兵一首者，赐爵一级，说明商鞅农战的政策在战争中体现了一定的作用。《史记·魏世家》称：“与秦战元里，秦取我少梁。”少梁，在黄河边上，韩城以南，那时那个地段的黄河比较宽阔，称西河，说明那时秦国的势力已经直逼黄河了，魏国的河西郡丢了。这个河西郡原来是秦国的地盘，秦孝公元年的令中，便有“三晋攻夺我先君河西地，诸侯卑秦，丑莫大焉”（《史记·秦本纪》）。这次重新夺回河西郡，了却了秦孝公的一件重大心事。秦国这一次之所以轻易取胜，是因为魏国的重兵在进攻赵国，次年攻陷邯郸，赵求救于齐，齐使孙膑、田忌带兵救赵，于是有著名的桂陵之战，魏败。这个时候魏处于东西二线作战，故秦攻魏之元里，轻易便取胜了。

秦孝公十年（前353年），卫鞅为秦之大良造，这是秦国二十级爵之第十六级爵。同年派军队围魏之安邑，降之。这一年是商鞅自己统兵攻魏之安邑，安邑在黄河以东，是魏国原来的都城，为此魏迁都于大梁，这样魏河东郡的地区也落入秦国手中。魏在桂陵之战中败于齐，当时魏国是诸侯众矢之的，这一形势对秦国有利，而其主战场又在关东，故为秦提供了可乘之机。

秦孝公十二年（前351年），“作为咸阳，筑冀阙，秦徙都之”（《史记·秦本纪》）。咸阳即今陕西之西安，自此秦以咸阳为首都，原来秦国的都城在雍，今甘肃凤翔之南。“作为咸阳”，是指在咸阳有大作为，修筑城阙，修筑城墙和华表，然后迁都至咸阳。这也是商鞅在秦变法以后，除了攻魏之外的另一个大动作。《史记·商君列传》记载这一年“令民父子兄弟同室内息者为禁”，那是把农户的户划小，鼓励开垦。

接下来商鞅在国内政策上也有大动作，在秦国建立垂直的官僚行政系统，那就是“并诸小乡聚，集为大县，县一令，四十一县”，由贵族封邑变成直辖于朝廷的郡县制了，这是中国历史上地方行政制度的一次很重大的变化。郡县制的实行在春秋时已有先例，如楚灵王八年（前598年）灭陈为县，使穿封戌为陈公。至十一年（前595年），楚灵王灭蔡，使其弟公子疾为蔡公，这里的陈公、蔡公都是县公。后楚庄王灭陈，“因县陈”。那时的县和郡都设置在边远地区，由朝廷派遣官吏来管理，不再是诸侯贵族的封邑。这次商鞅在秦国设置四十一个县，那就是把郡县制推行到秦国全境，开了秦始皇统一六国以后，在全国实施郡县制的先河了。故这是全国地方行政机构的一次重大改革，一直延续至今，商鞅的这一项改革具有深远的历史意义。

另一项措施是“为田开阡陌”，《史记·商君列传》称：“为田开阡陌封疆，而赋税平。”那是指在全国范围内放手打破井田制的限制，让农民开阡陌，放手开垦荒地，解除了诸侯贵族在封邑上对农民直接的人身束缚。阡陌，《风俗通》曰：“南北曰阡，东西曰陌。河东以东西为阡，南北为陌。”阡陌在当时是耕地的封疆。那时人口少，土地空旷，农奴耕地受阡陌封疆之限。开阡陌，即垦田不受阡陌的限制，你有劳动能力，可以放手开垦荒地，那样农民的负担才可以均平。《史记·商君列传》在此下还有一句话："平斗桶，权衡丈尺。"那就是统一全国的度量衡，秦始皇统一六国以后统一全国的度量衡，也只是商鞅变法措施的继续。《史记·秦本纪》在此句后有"东地渡洛"，指秦国的疆域向东扩展，可以渡过洛水，直接与周的王城接壤。可见商鞅参政的十年间，土地开辟了，军事力量比过去强大了，疆域也扩张了。这是商鞅变法以后，直接可以看到的效果。

孝公十四年（前 348 年），初为赋。这是指初为军赋，指对农民征兵及计亩而赋税的办法制度化了。这之下还有一句话："行之四年，公子虔复犯约，劓之。"（《史记·商君列传》）这件事应是秦孝公十四年的事，这是太子之傅第二次犯刑了。

孝公十九年（前 343 年），"天子致伯"（《史记·秦本纪》）。伯，即霸，这一年，天子称秦孝公为霸，可以兴兵与东方的诸侯国会盟了。《史记·商君列传》称："居五年，秦人富强，天子致胙于孝公，诸侯毕贺。"胙，是祭祀用的肉，祭祀完毕以后用来赏赐。若《左传·僖公四年》："太子祭于曲沃，归胙于公。"这与《史记·秦本纪》的记载是一致的。

孝公二十年（前 342 年），诸侯毕贺，秦使公子少官率师会诸侯逢泽，朝天子。逢泽在今天开封市的东北，秦派人与诸侯会盟于此，朝周天子，反映了秦在东方诸国的地位有很大提高。

秦孝公二十一年（前 341 年），齐败魏于马陵，马陵在今河北省大名市的东南，齐与魏再一次在这儿会战，田忌与孙膑在这里杀魏之庞涓。史载：

> 孙子度其行，暮当至马陵。马陵道狭而旁多阻隘，可伏兵。乃斫大树，白而书之曰："庞涓死此树下！"于是令齐师善射者万弩夹道而伏，期日暮见火举而俱发。庞涓果夜到斫木下，见白书，以火烛之。读未毕，万弩俱发，魏师大乱相失。庞涓自知智穷兵败，乃自刭，曰："遂成竖子之名！"齐因乘胜大破魏师，虏太子申。（《资治通鉴》卷二《周纪二》）

秦孝公二十二年（前 340 年），卫鞅击魏，虏魏公子卬。这是马陵之战的次年，商鞅建议乘魏兵败于齐之时，再兴师伐魏。《史记·商君列传》载其事云：

> 其明年，卫鞅说孝公曰："秦之与魏，譬若人之有腹心疾，非魏并秦，秦即并魏。何者？魏居领阨之西，都安邑，与秦界河而独擅山东之利。利则西侵秦，病则东收地。今以君之贤圣，国赖以盛。而魏往年大破于齐，

诸侯畔之，可因此时伐魏。魏不支秦，必东徙。东徙，秦据河山之固，东乡以制诸侯，此帝王之业也。”孝公以为然，使卫鞅将而伐魏。魏使公子卬将而击之。军既相距，卫鞅遗魏将公子卬书曰：“吾始与公子欢，今俱为两国将，不忍相攻，可与公子面相见，盟，乐饮而罢兵，以安秦魏。”魏公子卬以为然。会盟已，饮，而卫鞅伏甲士而袭虏魏公子卬，因攻其军，尽破之以归秦。魏惠王兵数破于齐秦，国内空，日以削，恐，乃使使割河西之地献于秦以和。而魏遂去安邑，徙都大梁。

经过这一次战役，魏惠王彻底认输了，所以他讲：“寡人恨不用公叔座之言也。”那就是《史记·商君列传》记载公叔座所言魏惠王能用卫鞅则用之，如不能用则杀之。而公叔座则是两面做人情，他对公孙鞅讲，梁惠王不能用你，你快离魏而去。这个故事说明人才的重要，能兴一国，也能亡一国，能用人则兴，不善用人则亡。现代的竞争也是争夺人才的竞争，问题是你要善于发现人才，并能让人才有发挥其才能的机会。没有秦孝公放手任用商鞅，商鞅也不一定有显示自己才能的机会。也就是这一次秦国打败了魏国，“秦封之於、商十五邑，号为商君”。卫鞅之称商鞅，是因封于商而来，这个商於之地在今陕西省东南的商县。

秦孝公二十四年（前 338 年），秦与晋战雁门，虏其将魏错。

这个雁门，当是岸门，在韩国境内，贴近黄河边上，今山西河津以南。这一年秦孝公去世了，商鞅在秦国的历史也就到此为止了。商鞅的改革没有秦孝公的支持，是难以有所作为的，而这个改革的历史过程，实际上是原有利益的再平衡，这个平衡过程必然侵犯原来贵族阶层的既得利益。如“宗室非军功论，不得属籍”这一条，便侵犯了宗室贵族们的特权，他们当然会反对和感到不满的，但秦孝公在，他们不敢有所表现。又如商鞅劓太子傅公子虔及黥太子师公孙贾，这个账他们当然记在心中，只是等候机会以报复于商鞅。故《史记·商君列传》称：“商君相秦十年，宗室贵戚多怨望者。”秦孝公去世，太子即位，是为秦惠王，商鞅自然成了他们的报复对象，他们才不会考虑商鞅改革为秦国强大所建立的功绩，而想的只是个人恩怨，一定要加以报复，那个时候商鞅的下场也就可想而知了。《史记·商君列传》载：

> 秦孝公卒，太子立。公子虔之徒告商君欲反，发吏捕商君。商君亡至关下，欲舍客舍。客人不知其是商君也，曰：“商君之法，舍人无验者坐之。”商君喟然叹曰：“嗟乎，为法之敝一至此哉！”去之魏。魏人怨其欺公子卬而破魏师，弗受。商君欲之他国。魏人曰：“商君，秦之贼。秦强而贼入魏，弗归，不可。”遂内秦。商君既复入秦，走商邑，与其徒属发邑兵北出击郑。秦发兵

攻商君，杀之于郑黾池。秦惠王车裂商君以徇，曰：“莫如商鞅反者！”遂灭商君之家。

秦惠王即位以后，自然容不得商鞅，商鞅的灭亡也有一个过程。告商鞅造反的是公子虔，他曾被商鞅处以劓刑。下令抓商鞅，这在秦宗室贵族中有社会基础，因为商鞅变法时损害了宗室贵族的特权利益。由于法制的严密，商鞅在秦无处隐其身，想逃亡至故国魏，魏因其欺诈过公子卬，几次打败过魏师，当然视商鞅为仇敌，不会接受他。商鞅在商於之地起兵，也无法对抗秦国的大军，只能逃亡到郑。郑是春秋古国，战国时为韩所灭，商鞅逃亡到郑之黾池，在今河南渑池县之西，仍然被秦军抓捕，最终被车裂灭族。从商鞅个人的角度讲，这是一个悲剧的结局，然而商鞅变法过程中实施的一些政治经济措施，则仍然延续到秦始皇及汉代。如废井田开阡陌，便不可能倒退回去了；如郡县制，秦始皇在统一六国以后实施的地方行政制度，便是郡县制；如度量衡的统一，仍然得到实施。这些顺应时势发展的改革就不可能完全倒退回去了。商鞅的变法，为秦的强大奠定了基础，秦孝公死后，惠文王在位十四年；继位的是秦武王，在位四年；继位的是弟昭襄王，在位五十六年；继位的是孝文王，即位当年便去世了；然后是庄襄王，即子楚，早年为质于赵，是吕不韦帮助他成为秦王的接班人。庄襄王在位三年便去世了，于是秦始皇即位，即位时只有十三岁，在位三十六年，去世的时候也只有五十岁。早期是吕不韦执政，在位二十六年时，统一天下，分为三十六郡。国家的统一，消灭诸侯分裂割据，成了中华民族的偏好；维护国家的统一，成为中华民族的神圣使命。贾谊的《过秦论》曾概括过秦孝公至秦始皇这一段历史，司马迁的《史记》把它附在《秦始皇本纪》之末，其云：

> 秦孝公据殽函之固，拥雍州之地，君臣固守而窥周室，有席卷天下，包举宇内，囊括四海之意，并吞八荒之心。当是时，商君佐之，内立法度，务耕织，修守战之备，外连衡而斗诸侯，于是秦人拱手而取西河之外。
>
> 孝公既没，惠王、武王蒙故业，因遗册，南兼汉中，西举巴、蜀，东割膏腴之地，收要害之郡。诸侯恐惧，会盟而谋弱秦，不爱珍器重宝肥美之地，以致天下之士，合从缔交，相与为一。当是时，齐有孟尝，赵有平原，楚有春申，魏有信陵。此四君者，皆明知而忠信，宽厚而爱人，尊贤重士，约从离衡，并韩、魏、燕、楚、齐、赵、宋、卫、中山之众。于是六国之士有宁越、徐尚、苏秦、杜赫之属为之谋，齐明、周最、陈轸、昭滑、楼缓、翟景、苏厉、乐毅之徒通其意，吴起、孙膑、带佗、兒良、王廖、田忌、廉颇、赵奢之朋制其兵。常以十倍之地，百万之众，叩关而攻秦。秦人开关延敌，九国之师逡巡遁逃而不敢

进。秦无亡矢遗镞之费，而天下诸侯已困矣。于是从散约解，争割地而奉秦。秦有余力而制其敝，追亡逐北，伏尸百万，流血漂卤。因利乘便，宰割天下，分裂河山，强国请服，弱国入朝。延及孝文王、庄襄王，享国日浅，国家无事。

及至秦王，续六世之余烈，振长策而御宇内，吞二周而亡诸侯，履至尊而制六合，执棰拊以鞭笞天下，威振四海。南取百越之地，以为桂林、象郡，百越之君俯首系颈，委命下吏。乃使蒙恬北筑长城而守藩篱，却匈奴七百余里，胡人不敢南下而牧马，士不敢弯弓而报怨。

这一大段叙述，说明秦的统一，实际上是继承和发展了商鞅变法才取得的成果。然而商鞅在历史上承受着恶名，司马迁在《商君列传》之末，批评商鞅刻薄寡恩，无非是那么四件事。一是说他因嬖臣，这是指商鞅通过秦孝公的宠臣景监得以受秦孝公重用。景监是楚人，被俘后被阉而在宫廷当太监，这没有什么见不得人的问题。二是刑公子虔，为了推行法令，从宗室贵族头上开刀，但为了取信于民，在法制面前应该人人平等。三是欺魏将魏公子卬之事，这也没错，兵者，诈也，这是古今的通则。《孙子兵法》的《计篇》明确讲："兵者，诡道也。"《军争》篇讲："兵以诈立。"兵法讲权谋，说到底就是诡与诈而已。西方的克劳塞维斯也曾说："战略这个名称来源于诡诈这个词似乎不是没有道理的。"《孙子兵法》的《计篇》讲的诡道，便是"能而示之不能，用而示之不用，近而形之远，远而示之近"。这还不都是以诈取胜吗？声东击西，就是诈，在战争处于你死我活的情况下，只能如此，否则的话，岂不成了宋襄公了吗？记得毛泽东在《论持久战》一文中说过："我们不是宋襄公，不要那种蠢猪式的仁义道德，我们要把敌人的眼睛和耳朵尽可能地封住，使他们变成疯子，用以争取自己的胜利。"宋襄公的事，见《史记·宋世家》："襄公与楚成王战于泓。楚人未济，目夷曰：'彼众我寡，及其未济击之。'公不听。已济未陈，又曰：'可击。'公曰：'待其已陈。'陈成，宋人击之。宋师大败。"宋襄公为什么这么做？《左传·僖公二十二年》记载宋襄公为自己的行为辩解说："君子不重伤，不禽二毛，古之为军也，不以阻隘也。寡人虽亡国之余，不鼓不成列。"四是不师赵良之言。赵良无非是劝商鞅在秦孝公去世之前早一点退下来，赵良说："秦王一旦捐宾客而不立朝，秦国之所以收君者，岂其微哉？"如果设身处地，在秦孝公去世之前，商鞅要退也难，秦孝公是不会让他离开的，秦孝公死了以后，那已经不是退的问题。既然在那个政治漩涡之中，是无法全身而退的，明知自己处境危若累卵，要躲是躲不掉的，说到底是命也夫！只能认命。

七、变法在那个时代是一个潮流

在战国那个时代，列国纷争，不仅秦国，各国都有变法图强的要求。在商鞅变法之前，魏国有魏文侯时李悝“尽地力之教”，也是一次变法的运动。时间上与商鞅相近的，楚悼王有吴起的变法，韩昭侯有申不害的变法图强；在商鞅变法之后，赵国有武灵王的胡服骑射。这些变法的成败，亦各不相同，李悝的“尽地力之教”没有碰到什么阻力，而吴起在楚国的变法运动及其结局，则与商鞅有一点相似。吴起本来是魏国的将领，是李悝推荐给魏文侯的，魏文侯启用吴起为将击秦，以为西河守，拒秦、韩。魏文侯既卒，事魏武侯，魏相田文仍能容纳吴起。田文死，吴起受疑，他离魏至楚。《史记·吴起列传》称：

> 楚悼王素闻起贤，至则相楚。明法审令，捐不急之官，废公族疏远者，以抚养战斗之士。要在强兵，破驰说之言从横者。于是南平百越；北并陈蔡，却三晋；西伐秦。

> 诸侯患楚之强。故楚之贵戚尽欲害吴起。及悼王死，宗室大臣作乱而攻吴起，吴起走之王尸而伏之。击起之徒因射刺吴起，并中悼王。悼王既葬，太子立，乃使令尹尽诛射吴起而并中王尸者。坐射起而夷宗死者七十余家。

吴起在楚国的遭遇与商鞅的遭遇极其相似，二人的变法本质上都涉及权力和利益关系的调整，受损的是宗室及贵族之家，所以商鞅与吴起都成为他们攻击的对象。变法的特点，都是依靠王者的支持，秦国是秦孝公，楚国是楚悼王，一旦王者去世了，变法者失去靠山，那么原来的利益受损者便群起而攻之，他们个人都以悲剧为结局。从历史上看，所有改革家都要有冒风险的思想准备，一旦顶层政治形势发生急剧变化时，那么个人的命运就很难预测了。王安石变法是如此，张居正死了还不得安身，戊戌变法谭嗣同诸人的悲剧结局同样很难避免，像康、梁那样得以外逃，在中国历史上已属例外了。为什么是这样呢？因为所有的变法或者改革，都涉及利益的问题，历史上所有变法和改革的驱动力都是利。孔子讲“放利而行，多怨”，为什么？改革和变法，都要触动原有的利益关系，原来的既得利益者当然不高兴，因为他们的利益受损，受益的人都会高兴。所谓变法和改革，便是上上下下重新分蛋糕的事，弄不好打起架来，也很难说。正如李克强总理所言，触及人们的既得利益比触及灵魂还难。所以领导变法的人要有承担风险的思想准备，要有迎难而上的精神，要有拼搏的精神才行。

商鞅与吴起都横跨兵、法两家，既讲政治体制的改革，也讲军事思想，能领兵打仗，从思想领域讲都属于法家。历史上的改革派，在思想渊源上，都与法家有某种割不断的联系。

八、从韩非子说战国时期的法家思潮

战国时期各国的改革和变法频起，支持这些改革和变法的不是儒家，而是法家。法家思想集大成者，不是别人，是韩非。

众所周知，司马迁在《史记》中，把韩非与老子放在同篇传记中，用以说明法家学说与黄老学派有着渊源关系。秦始皇当年曾读过韩非的作品，司马迁在《老子韩非列传》讲道："人或传其书至秦。秦王见《孤愤》《五蠹》之书，曰：'嗟乎，寡人得见此人与之游，死不恨矣！'"秦始皇为什么如此喜欢这两篇文章，而想见韩非，听他言论呢？《五蠹》主要是批判儒家的，而《孤愤》则是讲对旧贵族势力擅权的愤怒。为什么要批判儒家呢？因为儒家主张亲亲，为世袭的贵族擅权提供了理论依据。它还申诉了法家要求变革的艰难处境，《史记·老子韩非列传》讲道："非见韩之削弱，数以书谏韩王，韩王不能用。"这个韩王应是韩王安，前后在位只有九年。《史记·韩世家》称："王安五年，秦攻韩，韩急，使韩非使秦，秦留非，因杀之。"那么《孤愤》那篇应写成于韩王安二年（前 237 年）前后，秦始皇见到这篇文章应在韩王安的三年或四年之间。《孤愤》中讲到“当涂之人擅事要，则外内为之用矣”，还说这些当涂之人“官爵贵重，朋党又众，而一国为之讼”。讼与颂通，指国人皆为之颂德。这引起了秦始皇的共鸣，在秦始皇心目中的“当涂之人”，正是他两年来处理的两个集团，一个是以嫪毐为首的集团，一个是以相国吕不韦为首的集团，所以秦始皇会说：“嗟乎，寡人得见此人与之游，死不恨矣！”李斯告诉秦始皇，“此韩非之所著书也。”（《史记·老子韩非列传》）为什么李斯会知道这是韩非写的呢？因为他与韩非同师事于荀子，论学问，李斯不如韩非。于是“秦因急攻韩”，“韩王始不用非，及急，乃遣非使秦”（《史记·老子韩非列传》）。这件事应发生在韩王安五年（前 234 年）。其本传且讲：“秦王悦之，未信用。”秦始皇为什么没有信用韩非？因为他毕竟是韩国的贵公子，当时秦要灭韩，双方处于敌对状态。“李斯、姚贾害之，毁之曰：‘韩非，韩之诸公子也。今王欲并诸侯，非终为韩不为秦，此人之情也。今王不用，久留而归之，此自遗患也，不如以过法诛之。’秦王以为然，下吏治非。李斯使人遗非药，使自杀。”这是李斯害死韩非的。“秦王后悔之，使人赦之，非已死矣。”（《史记·老子韩非列传》）

李斯为什么要害韩非呢？关键也是《孤愤》这一篇文章。韩非在文章中把廷臣分为当涂之人与法术之士，他指出：“智术能法之士用，则贵重之臣必在绳之外矣。是智法之士与当涂之人，不可两存之仇也。”那个时候秦始皇心目中的两个重臣与吕不韦已经被除掉，得到秦始皇宠信的是李斯。韩非在文章中还说，这两者之间，对于法术之士而言，“资必不胜而势不两存，法术之士焉得不危？其可以罪过诬者，以公法而诛之；其不可被以罪过者，以私剑而穷之。是明法术而逆主上者，不僇于吏诛，必死于私剑矣”。那么在那个时候，谁可能是当涂之人以自比呢？当然是李斯。如果秦始皇还没有意识到，而李斯难道不会有所敏感吗？韩非在狱中时，怎么会不想到此时此刻自己在秦国的处境呢？故《孤愤》这篇文章既使韩非受到秦始皇的重视，同时也促使他身处危境之中。这就是“李斯使人遗非药”的原因，而韩非被迫自杀。秦王因秦韩之间的关系“下吏治非”，随后又后悔，应该是他明白了韩非当时的处境。秦王先悦韩非之文，后下之狱，与纵横家姚贾对韩非的陷害也有关系。从韩非的整个思想体系而言，他与纵横家是对立的，韩非的思想是以自立为主，纵横家的思想是以外援为主，这大概是韩非之死在思想上的背景吧。

韩非是法家思想的综合者，他比较全面完整地阐述了战国时期法家的思想，对战国时期各国变法改革的历史进行了总结。从春秋到战国，社会历史和风俗有一个巨大的变化，我们要理解法家的思想体系，必须先知道战国这个时期的社会历史背景。

九、春秋与战国两个历史时期的比较

《史记》把春秋时期，列为十二诸侯年表（十二诸侯为鲁、齐、晋、秦、楚、宋、卫、陈、蔡、曹、郑、燕。吴国“不数而叙之”，而越国那时还摆不上位置），起于周共和元年（前 841 年），终于周敬王四十三年（前 477 年），前后三百六十四年。司马迁为什么把它从共和元年算起？那是因为周厉王堵民之口，结果是国人皆叛，厉王出奔于彘，于是由召公、周公二相执政，号曰“共和”。而孔子编《春秋》，则是从鲁隐公元年（前 722 年）始，到鲁哀公十四年（公元前 481 年）止。司马迁在《史记·太史公自序》中讲，他听董仲舒说：“‘周道衰废，孔子为鲁司寇，诸侯害之，大夫壅之。孔子知言之不用，道之不行也，是非二百四十二年之中，以为天下仪表，贬天子，退诸侯，讨大夫，以达王事而已矣。’子曰：‘我欲载之空言，不如见之于行事之深切著明也。’”孔子在《春秋》中善善恶恶，贤贤贱不肖的标准是什么呢？那还是传统的亲亲尊尊，“春秋之中，弑君三十六，亡国五十二，诸侯奔走，不得保社稷者，不可胜数。察其所以，皆失其本已”。所谓“失其本”，也就是背离了亲亲尊尊这个基本原则，孔子也正是根据这个原则来“贬诸侯，讨大夫”，也正因为如此，“《春秋》者，礼义之大宗也”。

战国是从周威烈王二十三年（前403年），以魏、赵、韩三国为诸侯，即三家分晋作为起点，司马光的《资治通鉴》便是以这一年为起点的，与鲁哀公十四年（前481年）还有七十八年的时间。孔子死于鲁哀公十六年（前479年），《左传》结束于鲁哀公二十七年（前468年），中间其实相隔多年时间，这实际上是从春秋到战国的过渡时期。司马迁曾为战国时期列六国年表，那是因为秦并六国，号为七雄，六国之盛始于韩、赵、魏三家分晋，田氏灭齐，各国“务在强兵并敌，谋诈用而纵横短长之说起”，从时间上讲起于周元王元年（前475年），终于秦始皇二十六年（前221年），秦灭齐。

司马光在《资治通鉴》卷一《周纪一》周威烈王二十三年（前403年）的“臣光曰”中讲道：“以周之地则不大于曹、滕，以周之民则不众于邾、莒，然历数百年，宗主天下，虽以晋、楚、齐、秦之强，不敢加者，何哉？徒以名分尚存故也。至于季氏之于鲁，田常之于齐，白公之于楚，智伯之于晋，其势皆足以逐君而自为，然而卒不敢者，岂其力不足而心不忍哉？乃畏奸名犯分而天下共诛之也。”说到底，春秋时期，周与诸侯、诸侯与大夫之间的尊尊之名分尚在，虽有“弑君三十六”“亡国五十二”，但诸国之间公然打破名分，还不敢堂而皇之地进行，大家都还有所顾忌。孔子编《春秋》讲的还是亲亲尊尊之间的名分关系，到了战国时期，这个情况就完全改变了。

顾炎武在《日知录·周末风俗》中也讲到春秋与战国这两个历史时期社会风俗之差异，其云：

> 春秋时，犹尊礼重信，而七国则绝不言礼与信矣。春秋时犹宗周王，而七国则绝不言（周）王矣。春秋时犹严祭祀，重聘享，而七国则无其事矣。春秋时犹论宗姓氏族，而七国则无一言及之矣。春秋时犹宴会赋诗，而七国则不闻矣。春秋时犹有赴告策书，而七国则无有矣。邦无定交，士无定主。

从这里可以知道这两个不同的历史时期，从社会风俗上讲，已有巨大的差异。战国时，原来表面上的那套礼义之道已经被战争彻底撕毁了，取而代之的是各国皆以智力相雄长。在这个背景下，各国必然都要谋求借改革和变法以图自强，士也就流动于各国之间，人才的争夺成为各国角力的重要手段。在那种情况下，君择臣，臣亦择君，君臣之间与春秋时期不同了，礼贤下士在战国时期成为一种社会风俗。国无定交，便是国与国之间，皆以利害相交，而士大夫亦皆奔走于各国之间，这成为一种时尚了，如魏文侯，师卜子夏、田子方、段干木。子夏即卜商，孔子弟子，少孔子四十四岁。孔子弟子四科中，子夏属文学科，他传《诗》、传《易》、传《礼》，又以《春秋》为长，他居魏之西河，为魏文侯师。田子方，《战国策》载魏文侯与田子方饮，文侯好音，田子方就批评文侯审于声而聋于官，好娱乐而忘了政事。段干木，不趋势利，怀君子之道，故《史记·魏世家》称：“文侯受子夏经艺，客段干木，过其闾，未尝不轼也。秦尝欲伐魏，或曰：‘魏君贤人是礼，国人称仁，上下和合，未可图也。’文侯由此得誉于诸侯。”这种礼贤下士的风气，实际上是为了强国而对人才的争夺。战国末年的四公子——齐国的孟尝君、赵国的平原君、魏国的信陵君、楚国的春申君，皆以好客著称于世。孟尝君有食客三千，其好客，至司马迁过薛地亦称：“世之传孟尝君好客自喜，名不虚矣。”六国的诸侯王与贵公子皆以好客名于世，故这个时期诸子百家皆各展所长。当时影响大的还是儒、法两家，儒家有孟子与荀子，法家的代表人物除商鞅外，还有申不害、慎到，集大成者为韩非子。诸侯王好客的目的，无非是为了富国强兵，直接能与这个需要相合的，则是法家。儒家的仁义道德，在伦理学方面的论述，毕竟与现实的政治需要有一段距离。其实流行的诸子百家都是为当时各国政治经济服务的，但能够与变法改革契合的还是法家。

十、战国时期的儒家

战国时期儒家最主要的代表人物是孟子。关于孟子，司马迁在《史记·孟子荀卿列传》中说：

> 孟轲，驺人也。受业子思之门人。道既通，游事齐宣王，宣王不能用。适梁，梁惠王不果所言，则见以为迂远而阔于事情。当是之时，秦用商君，富国强兵；楚、魏用吴起，战胜弱敌；齐威王、宣王用孙子、田忌之徒，而诸侯东面朝齐。天下方务于合从连衡，以攻伐为贤，而孟轲乃述唐、虞、三代之德，是以所如者不合。退而与万章之徒序《诗》《书》，述仲尼之意，作《孟子》七篇。

关于荀子，司马迁没有说多少话，只是说他是赵人，“至年五十始来游学于齐”。齐襄王时，荀卿为老师，三为祭酒。在齐国不得志，至楚国，在春申君门下，以为兰陵令。春申君死，荀子离职，住在兰陵，李斯与韩非都是他的学生，都转而为法家了。

可见从春秋到战国时期，儒家也曾经出过一些代表人物，如子夏、子思，以及孟子、荀子，都有深远的影响。战国列强争胜的时期，儒家没有用武之地，反而法家与兵家以及纵横家占据主流地位，可见法家在那个时间段的发展，确有形势的需要。当然，即使在战国末期和秦统一以后，儒家的影响仍然存在。秦国的博士中，有不少便是儒生，但并不得志。如叔孙通是儒生，曾为秦的博士，后来先投奔项梁与项羽，最终投奔刘邦。随他而行的儒生有一百余人，在刘邦那儿并未得到重用，不过是一个博士，号稷嗣君。等到刘邦平定项羽，汉政权稳定以后，要朝仪了，才想到要叔孙通为其制定朝仪。通过朝仪，刘邦感叹“吾乃今日知为皇帝之贵也”，拜叔孙通为太常卿，还让叔孙通做太子太傅，做惠帝的老师。孔子的后人，在战国时，只有他的孙子子思还有一点影响，《中庸》的作者是他。孔子的第九代后人孔鲋，曾带了礼器投奔到陈胜那儿做博士，死于陈下。

为什么在战国儒家不那么流行？这与那个时代需要什么样的思潮息息相关。战国是诸强互相兼并、战乱不断的时代，如商鞅讲耕战，兼兵家与法家两个方面。孟子与商鞅是同时代的人，孟子略早于商鞅，《孟子》的第一章《梁惠王》，说明他在梁惠王那儿不得意。商鞅也曾在梁惠王那儿蹲过，他是卫人，在魏国不得意，才去秦国见孝公，在秦国实现变法的。商鞅的《农战》是为战争服务的，力农是为了取得兵源，以军功取得爵位的军功爵制同样是为战争服务的，商鞅自己也亲自指挥过与魏国的战争。而孟子则是反战的，他说过这样的话：“争地以战，杀人盈野；争城以战，杀人盈城。此所谓率土地而食人肉，罪不容于死。”“故善战者服上刑，连诸侯者次之，辟草莱任土地者次之。”(《孟子·离娄上》）这些观念与商鞅的思想截然相反。“辟草莱任土地”是指商鞅的“废井田开阡陌”，“连诸侯”则是指纵横家。他讲仁义，而苏秦、张仪及鬼谷子们讲的是功利，孔、孟不言利，杨朱讲“为我”，“拔一毛而利天下，不为也”，即是“为我”。这些观念与孟子的思想都是对立的，所以儒家在战国时期忙于战争的诸侯那儿不受欢迎也就很自然了。孟子说“善战者服上刑”，但是孙武、吴起、孙膑这些兵家在吴国、魏国、楚国、齐国都很受重用，故孟子那些观念，在战国时期的诸侯各国如齐宣王、梁惠王处均遭冷遇。我不是说孟子这些观念没有价值，有一些观念非常精辟，但在战国那个时代，有一点不合潮流。荀子的两个学生，李斯与韩非彻底改换门庭，转而为法家也不是偶然的，因为儒家那一套，在那个时候行不通。别人拿着刀枪来对待你的时候，你给拿刀的人讲什么仁义道德之类，他不会听。给受到武力威胁的人讲仁义道德，那不等于坐以待毙吗？所以韩非子会反过来批判儒家。为人讲话，得看时间、地点和对象。

什么时代流行什么思潮，思想的源头在于实际生活的需要，前人的思想资源是流，源与流要分清楚，才能弄清楚一个思潮的来龙去脉。

十一、韩非子对儒家的批判——说《五蠹》

《五蠹》是韩非子的代表作之一。蠹，是蛀虫，五蠹即五种蛀虫。这五种蛀虫，在韩非子心目中为首者是儒生，即学者。为什么？因为儒家法尧舜文武诸先王，法家则反之，强调法后王。他提出：“圣人不期修古，不法常可，论世之事，因为之备。”商鞅说过“不修古而王”，意谓治理国事，不法先王之古法，不法通常人们认可的东西，因时势也就是当前的社会矛盾提出因应的方案。在这里，韩非子讲了守株待兔的寓言，其云：

> 宋人有耕田者，田中有株，兔走触株，折颈而死，因释其耒而守株，冀复得兔。兔不可复得，而身为宋国笑。

这是嘲笑儒者法古王只是守株待兔，事实上兔不可复得。这里还举了春秋末子贡说齐国的故事，其云：

> 事异则备变。上古竞于道德，中世逐于智谋，当今争于气力。齐将攻鲁，鲁使子贡说之。齐人曰："子言非不辩也，吾所欲者土地也，非斯言所谓也。"遂举兵伐鲁，去门十里以为界。故偃王仁义而徐亡，子贡辩智而鲁削。以是言之，夫仁义辩智，非所以持国也。

齐伐鲁，确有其事，要阻止齐国伐鲁，靠给齐国的君主讲仁义，是解决不了问题的，还得靠利害关系。因为齐国伐鲁，孔子曾让子贡去游说过齐、吴、越、晋诸国，通过晓以各国利害的办法，才改变了当时的局面。

从某种程度上讲，子贡可谓是纵横家苏秦与张仪的祖师爷，这是战国时期游士说客惯用的伎俩，只有从各国自身的利害出发才能说服他们听从你的意见，从而纵横捭阖于诸国之间，达到存鲁、乱齐、破吴、强晋、霸越的目的。各国之间实际上一直在进行利害关系的较量，这就是从春秋末期步入战国时期大家都争于气力的时代特点。从子贡身上，可以看到儒家自身也在变化。

法家思想与儒家的区别在于，儒家比较少直面君臣之间利害和矛盾关系，对许多利害问题，都是遮遮掩掩地从反面来论述。法家则是直面利害矛盾的冲突，论述君王如何用法、术、势来驾驭群臣，以及用什么手段来控制和稳定局面。与儒家相比，它表现得赤裸裸无所顾忌，没有儒家的文字那样光洁可爱。汉代儒表法里的治术，也就是这对矛盾的思想体系在统治者身上所表现的内外之间的相互关系。

韩非子在《五蠹》篇中，还称仲尼为“天下圣人”，鲁哀公为“下主”，他说：

> （鲁哀公）南面君国，境内之民莫敢不臣。民者固服于势，势诚易以服人，故仲尼反为臣而哀公顾为君。仲尼非怀其义，服其势也。故以义则仲尼不服于哀公，乘势则哀公臣仲尼。今学者之说人主也，不乘必胜之势，而务行仁义则可以王，是求人主之必及仲尼，而以世之凡民皆如列徒，此必不得之数也。

国与国之间、人与人之间的相互关系，都还是恪于形势，大部分人出于不得已而如此，真正能出于仁义者是少数。实际上，形势与爱心是人与人相处不可或缺的两个方面，法家讲“势”有它合理的一面。韩非子还举了家庭伦常关系为例，其云：

> 今有不才之子，父母怒之弗为改，乡人谯之弗为动，师长教之弗为变。夫以父母之爱、乡人之行、师长之智，三美加焉，而终不动，其胫毛不改。州部之吏，操官兵，

推公法，而求索奸人，然后恐惧，变其节，易其行矣。

对孩子的教育亦是如此，仅仅是爱不行，仅仅是知识技能的教育也不行，在品德行为上要更加重视。从国家管理上讲，仁义固然需要，但还需要刑法的威慑，否则难以奏效。中国有一句老话："慈母多败儿。"子女教育如果出现问题，是其父母错误的家庭教育所造成的恶果，这样的子女也反过来会坑了自己的父母，最终仍要由法律来惩罚他的罪行。当今子女教育中出现的许多现象，为韩非子上面这段论述作了生动的注解，由此扩展开来，对富二代、官二代或其第三代的教养，都有警示的作用。再展开来说，对国家的管理，无非是刑赏二柄。韩非子说：

赏莫如厚而信，使民利之；罚莫如重而必，使民畏之；法莫如一而固，使民知之。故主施赏不迁，行诛无赦，誉辅其赏，毁随其罚，则贤、不肖俱尽其力矣。

这就是《五蠹》这篇文章的中心论点，这个思想在韩非子许多篇目都一以贯之。如《二柄》便是讲为君主者如何牢牢掌握刑赏二柄，使之出于己，才能立于不败之地。齐简公是丧失了刑赏二手，结果为田常所弑。法如何才能"如一而固"，也就是用刑赏二柄。如今我们所说的依法治国、依法执政、依法行政，所依的最大的法就是宪法。要真正建成法治国家、法治政府、法治社会，那就要坚决贯彻一条，不论是谁，特别是国家领导干部，要做到违法必究，而且是“行诛无赦”。

十二、从《定法》论法与术

如果打开《定法》这篇文章，可以知道它是用问答的形式，对前期法家变法的历史经验作了总结。这篇文章讲了两件事，一个是商鞅在秦国的变法，一个是申不害在韩国的变法。商鞅的情况，前面已经讲了。关于申不害，《史记·老子韩非列传》曾提到他，其云：

> 申不害者，京人也，故郑之贱臣。学术以干韩昭侯，昭侯用为相。内修政教，外应诸侯，十五年，终申子之身，国治兵强，无侵韩者。申子之学，本于黄老而主刑名，著书二篇，号曰《申子》。

申不害是商鞅同一时代的人，《史记·韩世家》称韩昭侯八年（前 355 年），“申不害相韩，修术行道，国内以治，诸侯不来侵伐”，昭侯二十二年（前 341 年）申不害去世。韩昭侯八年是秦孝公七年，那时商鞅已为秦相四年。秦孝公去世是在二十四年，那一年是韩昭侯二十五年，商鞅被车裂时，申不害已去世三年了。申不害执政的时间，从头到尾是十五年。《史记·六国年表》的记载上有差异，昭侯元年是秦孝公四年，至昭侯八年申不害为相，是公元前351年，那一年是秦孝公十一年。那么申不害去世的韩昭侯二十二年，已是秦惠文王元年（前337年）了，商鞅比申不害早死一年。申不害执政的年代，也是商鞅在秦执政的年代，当时的形势，韩与魏是对立的，而秦与魏也是对立的。商鞅执政时，秦多次讨伐魏，并未与韩发生争斗，相反韩昭侯曾去过秦，看来这个时期秦与韩的关系还比较融洽。《史记》讲《申子》二篇，《汉书·艺文志》法家类，著录有《申子》六篇，其注云："名不害，京人，相韩昭侯，终其身诸侯不敢侵韩。"京，是郑国的京城，在今河南荥阳的东南。《隋书·经籍志》对法家一类便没有著录了，可见此书在汉代还保存着，以后便散佚了，而韩非子的《定法》还保留了申不害的思想。

《定法》的主题是申不害讲术，商鞅讲法，这二者相辅相成，缺一不可。关于申不害之术，其云："术者，因任而授官，循名而责实，操杀生之柄，课群臣之能者也，此人主之所执也。"所谓术，便是为君者考核和掌控其臣下的一种方法和手段。"因任而授官"，就是根据人们的实际能力授予合适的官职。"循名而责实"，是按照官员的职务或岗位，考核他实际的政绩。"操杀生之柄”，是指君王掌握着群臣生杀的权力。“课群臣之能者也”，指考核群臣中哪一些人是真有才能的人。故术是王者掌控群臣的方法。

关于商鞅的法，其云：“法者，宪令著于官府，刑罚必于民心，赏存乎慎法，而罚加乎奸令者也，此臣之所师也。”这段话的意思是：所谓“法”，就是法令编著于官府，公布于民众，使人民心中都有赏罚的标准，对谨慎守法的人要给予奖赏，对违背法令的人，在今天讲就是要对那些持“上有政策、下有对策”态度的人给予惩罚。这不仅是对民众讲，更是对官员们讲的。故在下面讲法是群臣必须取法的标准，这也就是有法必依、违法必究，为官者不能任意更易政令的要求。

韩非接着说：“君无术则弊于上，臣无法则乱于下，此不可一无，皆帝王之具也。”这四句话的意思是：如果君王没有统驭群臣的方术，那么执法的过程必然产生弊端。群臣不遵守相关的法令，那么整个社会便会产生祸乱。法与术，这二者缺一不可，这都是帝王管理国家大事必备的工具。

于是又进一步提出，“徒术而无法，徒法而无术，其不可何哉？”这句话的意思是：如果只有术而没有法，或者只有法而没有术，为什么不可以呢？韩非子对这两种状况，分别用历史作了回答。关于徒用申不害之术的问题，其云：

申不害，韩昭侯之佐也。韩者，晋之别国也。晋之故法未息，而韩之新法又生；先君之令未收，而后君之令又下。申不害不擅其法，不一其宪令，则奸多。故利在故法前令则道之，利在新法后令则道之，利在故新相反，前后相悖，则申不害虽十使昭侯用术，而奸臣犹有所谲其辞矣。故托万乘之劲韩，七十年而不至于霸王者，虽用术于上，法不勤饰于官之患也。

这一段文字的中心主题是：如果一个国家前后法令不能统一，那么为官者执行时，便有可以选择和自由裁量的权力了，从而以权谋私。法令随着时代的发展，不可能是凝固不变的，因为形势在变化，社会的矛盾也在不断变化，那么处理这些矛盾的法令势必也要随之变化。人们的观念往往落后于形势的变化，当旧法已经被修改，或者新法已经颁布，但旧法又没有或者不便于废除，那么官员执法时势必带有很大的随意性。这个状况如今也还存在，比如新人新办法、老人老办法，这个老办法与新办法便是法令变化以后产生的变化。譬如从计划经济时代到市场经济为主的时代，法令有很大变化，但老的法令没有正式废除，那么群众在实际生活中往往会面临很大的矛盾，它势必牵涉到群众的切身利益，结果往往是以潜规则来取代现行的法令法规，各种弊端往往由此而来。新的法令没有规定旧法令的遗留问题如何处理，而且新法和旧法都有漏洞，都有不完善的地方。同时在实际生活中，新旧的归属往往很难分割，也缺乏分割的具体法律依据。由于“故新相反，前后相悖”，势必在社会生活中出现许多历史遗留问题，如果因此而发生纠纷，那么政府官员、司法官员在裁定案件时，就有很大的任意性，于是各种贪污腐败便由此滋生蔓延。不从根本上解决前后法令不统一的问题，那么许多历史遗留问题积累久了，也必然会形成新的社会问题，导致后患无穷。因为这种情况的存在，如何预防腐败的问题，要治理也很困难，因为缺乏统一的法律依据。如改革初期，我国实行商品价格双轨制，市场价格与计划价格并行，有权的人便能凭条子，以计划价格取货，以市场价格抛售，利用二者之间的差额，一转手便可获得巨额利益。现在也有商品房和保障房两种价格的问题，经手人从中牟利。故在立法的时候，不能做到瞻前顾后、统一法令，时间久了，这个矛盾便会积重难返。申不害留下的后遗症便是“托万乘之劲韩（即一个万乘大国），七十年而不至于霸王（这七十年应是十七年之误，指申不害为相的十七年，结果不能使韩称霸于列国之间）”，“法不勤饰于官之患也”。问题便出在官员没有可以共同遵守统一的法令。吕不韦在《吕氏春秋·不二》中有一段很精辟的论述，其云：

有金鼓，所以一耳也；同法令，所以一心也；智者不得巧，愚者不得拙，所以一众也；勇者不得先，惧者不得后，所以一力也。故一则治，异则乱；一则安，异则危；夫能齐万不同，愚智工拙，皆尽力竭能，如出乎一穴者，其唯圣人矣乎！

归根结底，在法令设立和贯彻执行方面，必须遵循的原则是“一则治，异则乱”，否则的话，就谈不上什么公平和公正的问题了。至于如商鞅那样，“徒法而无术”会有什么问题呢？其云：

公孙鞅之治秦也，设告相坐而责其实，连什伍而同其罪，赏厚而信，刑重而必，是以其民用力劳而不休，逐敌危而不却，故其国富而兵强。然而无术以知奸，则以其富强也资人臣而已矣。及孝公、商君死，惠王即位，秦法未败也，而张仪以秦殉韩、魏。惠王死，武王即位，甘茂以秦殉周。武王死，昭襄王即位，穰侯越韩、魏而东攻齐，五年而秦不益尺土之地，乃城其陶邑之封；应侯攻韩八年，成其汝南之封；自是以来，诸用秦者，皆应、穰之类也。故战胜，则大臣尊；益地，则私封立；主无术以知奸也。商君虽十饰其法，人臣反用其资。故乘强秦之资十年而不至于帝王者，法虽勤饰于官，主无术于上之患也。（《韩非子·定法》）

这一大段话的意思是：公孙鞅治理秦国，设立检举和连坐的制度来搜集民间真实的情况，五家为伍、十家为什，互相监督，一家有奸，九家共同告发，否则十家连带受罚。这样做的话，该赏的一定要厚赏，该罚的一定要重罚。因此，秦国的百姓平时努力耕作而得不到休息，战时冒着生命危险逐敌而不会退却，秦国因此而富强。然而，君主不懂得监察之术而无法知晓臣子的奸诈，结果国家富强却成为人臣贪污的对象。秦惠王时，张仪为相，秦国的新法还没有败坏，而张仪利用秦国的富强来削弱韩、魏，从而为自己谋取私利。穰侯，即魏冉，是秦昭王的丞相，为了自己的私利，采取远攻近交的政策，越过韩、魏而远攻齐国，前后用兵五年，结果秦国没有增加尺寸土地，而穰侯却扩大了自己在陶邑的封地。应侯，即纵横家范雎，作为秦昭王的丞相，他用八年的时间进攻韩国，使自己取得了在汝南的封地。从秦孝公以后，那些被任用于秦国的大臣，都是应侯、穰侯之类，结果是前方的胜利成为大臣们取得封爵和赏赐的机会。这是由于君主没有方术监督和制衡臣下的奸佞，尽管商鞅费尽心机设置各种法令和制度，但结果还是被贵族们借以谋取私利，因此秦国虽有强大的国力，但努力经营了几十年，还没有完成帝王之业。法制只是掩饰了官员执政时的以权谋私，这是君主不懂得监督和管理以及造就廉洁奉公的官员队伍所产生的结果。

商鞅在秦国变法，他自己以悲剧结局，但前人种树，后人乘凉，秦孝公以后的秦国贵族是受益者，事实上不仅穰侯、应侯受益，秦始皇才是最大的受益者。商鞅变法没有几十年、近百年的积叠，是很难结出果实的，历史是如此，现实也是如此。法家思想的总结和集大成者不是秦人，却是身在韩国的韩非，而韩非自己也是悲剧结局。可见改革和变法是要付出代价的，做改革家要有这个思想准备，否则是空谈。

韩非在这儿所讲的一番道理，是指仅有制度、法令层面的改革，是不够的，还要在操作层面形成一支廉洁奉公的执法队伍，在操作过程中还要有所监督和制衡，否则的话，上有政策，下有对策。故制度不是万能的，制度、法令的约束还是要有人去具体操作，对具体操作的成员，没有自上而下及自下而上的监督和管理，那么具体操作的官员还是可以利用这些制度和法令获取以权力寻租的机会。这在当今招投标制度上便是如此，制度变成形式，投标和定标者私下早有约定了，牺牲的是公共利益，土地的招投标，办公用品的招投标，都可以成为相关官员寻租的机会。许多问题，不是自上而下监督中发现的，而是自下而上，由小偷、情人、内讧而曝光的贪腐案情暴露出来的。故只有制度上的规定，没有对官员队伍严格的考核和监督，没有操作中上下互动的监控那是不行的。韩非讲的不仅是当时，即使对当今社会也有警示的作用。为什么如此？因为在个人利益驱动下，公共利益成为官员共同寻租的对象。

所谓术，便是操作层面上对官员监控的各种手段。韩非子在《定法》中进一步设问："主用申子之术，而官行商君之法，可乎？"意谓君主用申不害的术，而官员则行商鞅之法，是否可以呢？对这个问题，韩非子回答说：

> 申子未尽于术，商君未尽于法也。申子言："治不逾官，虽知弗言。"治不逾官，谓之守职也可；知而弗言，是不谓过也。人主以一国目视，故视莫明焉；以一国耳听，故听莫聪焉。今知而弗言，则人主尚安假借矣？商君之法曰："斩一首者爵一级，欲为官者为五十石之官；斩二首者爵二级，欲为官者为百石之官。"官爵之迁与斩首之功相称也。今有法曰："斩首者令为医、匠。"则屋不成而病不已。夫匠者手巧也；而医者齐药也；而以斩首之功为之，则不当其能。今治官者，智能也；今斩首者，勇力之所加也。以勇力之所加而治智能之官，是以斩首之功为医、匠也。故曰：二子之于法术，皆未尽善也。

文中首句，应是"商君未尽于法，申子未尽于术"，指商君的法还没有达到尽善尽美，申不害的术也没有达到尽善尽美。申子讲：为官不逾越自己的职权范围，用来守职是可以，但对职权以外的事，有问题而不说，那就变成明知别人的过失而不告发，那就不对了。君主要依靠全国人民的耳目来洞察一切。如今大家都埋首只管自己的分内事，对分外的问题知而不言，那么君主还凭借什么来洞察一切呢？韩非这个意见是对的，只有自上而下的监督，那怎么能做到耳聪目明呢？结果只能是耳不聪目不明。只有上下结合，才能洞悉为官者的一切寻租行为。至于商君的立法，也有不完美之处。比如军功爵的制度，鼓励战功是有益的，但是斩一首者，爵一级，可以为五十石之官，斩二首者爵二级，可以为一百石之官，使官爵的赏赐与军功相对应，也有不妥之处。如法制上规定，斩首者可以为医官或者匠官，那样做的话，病也看不好，房子也造不好。为医者一定要懂得用药，为匠者一定要懂得盖房子，为官的人要有智慧和才能。如今以斩首定功名，那就相当于让一个依靠勇敢拼力气干活儿的人，去做要靠智慧和才能进行管理的工作，那怎么能行呢？故任官要德与才兼备，不能光讲出身，苦出身有感恩的思想，然而掌权时，往往易受贪欲的影响。高层门第出身的，缺才缺德的话，危害更大，干起坏事来更加肆无忌惮，故择官还得论德与才。所以韩非的结论是：商鞅与申不害二人无论于法还是于术都有不足之处，所以君王用术、官员用法这个办法也不行，法与术这二者都有需要改进和完善的地方。韩非这样说是总结前人的经验和教训，如何使法与术能更加完美地结合在一起，决不是可以分割为君用术、臣用法。

从某种意义上讲，法可以比作政治路线，而术可以比作组织路线，二者缺一不可。正确的政治路线，要有充分的组织资源去保证它的实施，否则的话难以取得成效。如果法不完善，那就困难了，可能在错误的道路上越走越远。如果法是好的，没有充分的组织资源和组织工作路线，那也无法有效实施。

十三、韩非子论势

除了法与术之外，韩非在《难势》篇还讲到法与势的关系，即行法要借势。提出势的观念者是慎到，他是赵国人，《汉书·艺文志》法家类著录有《慎子》四十二篇，“名到，先申韩，申韩称之”。《史记·孟荀列传》云其为赵人，学黄老道德之术，因发明序其意旨，著十二论。慎到的书已散佚，现在见到的都是从诸子中辑集的辑本，从辑本中，可以窥见慎到主张用势，法家内部便有法、术、势三大派。势，是一把双刃剑，可以致治，也能致乱。韩非在《难势篇》有这么一段话，其云：

> 夫良马固车，使臧获御之则为人笑，王良御之而日取千里。车马非异也，或至乎千里，或为人笑，则巧拙相去远矣。

这里“臧获”是被俘虏的奴隶，“王良”是著名的善驾车者。

这段话的大意是，同样的好车好马，王良驾驭它可以日行千里，臧获去驾驭它则为人取笑，关键是人驾驭技术的巧与拙。韩非在这个比喻之后，进一步说：

> 今以国位为车，以势为马，以号令为辔，以刑罚为鞭策，使尧、舜御之则天下治，桀、纣御之则天下乱，则贤不肖相去远矣。

故势是一个中性的东西，看谁去使用它，不同的人可以取得不同的效果。韩非提出“抱法处势则治，背法去势则乱”，推行法制，实施制度，要造势，没有势，那就很难贯彻下去。这个势，某种意义上便是搞运动。20 世纪 80 年代初，社会治安不好，邓小平下令搞严打，还不是搞运动嘛。搞运动有它的局限，因为操作运动的人参差不齐，如果各怀私念，那就很容易错伤好人。韩非子还说：

> 夫弃隐栝之法，去度量之数，使奚仲为车，不能成一轮。无庆赏之劝，刑罚之威，释势委法，尧、舜户说而人辨之，不能治三家。夫势之足用亦明矣。

奚仲，夏朝时造车的能手。隐栝，以绳墨画线、度量，用以计算长短。意谓如果没有造车必需的工具和法度的话，那么奚仲也造不出车来。如果没有庆赏刑罚的威势，要尧舜去说服三户人家也难。法与势，都起作用。同样的意思，韩非在《用人》篇也说：

> 释法术而心治，尧不能正一国；去规矩而妄意度，奚仲不能成一轮。

这是讲为君主者，不能随心所欲，只能遵循法度，否则只会坏事。他还说：

> 使中主守法术，拙匠守规矩尺寸，则万不失矣。君人者能去贤巧之所不能，守中拙之所万不失，则人力尽而功名立。

中主者，传统的平庸的君主，他们不可能如英雄时代的领袖，只要守住已有的规矩尺度，国家就还能保持正常的社会秩序，那是因为既然作为君主，那么威势还是客观存在，赏罚还是在他手中，只要不滥用就可以了。

韩非在《喻老》篇说：

> 势重者，人君之渊也。君人者，势重于人臣之间，

失则不可复得也。简公失之于田成，晋公失之于六卿，而邦亡身死。故曰：“鱼不可脱于深渊。”赏罚者，邦之利器也，在君则制臣，在臣则胜君。

这就是解读《老子》第三十六章所言“鱼不可脱于渊，国之利器不可以示人”，这个“利器”就是居高临下之势与赏罚之柄，不可以授人；这个“人”，是指不能让执行层面具体操作的成员，借此以谋取私利。故在韩非子看来，法、术、势这三者缺一不可，三者齐备，即使是庸主当政，那么天下虽然不会完全太平无事，但也不至于出什么大的乱子。

韩非的思想还是来自于老子的无为而治。他在《扬权》篇说：

权不欲见，素无为也。事在四方，要在中央。圣人执要，四方来效。虚而待之，彼自以之。

这是为君之道，要在中央，才能四方来效。在中国有着几千年历史的郡县制便是“事在四方，要在中央”这种观念在制度上的体现。韩非子在《显学》篇讲“宰相必起于州部，猛将必发于卒伍”，这些话我们现在还在遵循执行。权力要集中，为什么又要无为呢？无为是防止胡作非为地滥用权力，否则后果便不堪设想了。对官员的方针则是：

> 夫物者有所宜，材者有所施，各处其宜，故上下无为。使鸡司夜，令狸执鼠，皆用其能，上乃无事。（《韩非子·扬权》）

换一句话说，就是官员各守其职，各尽其所能，上上下下大家都安分守己，无为而治，也就是《老子》第三十七章讲的“道常无为而无不为，侯王若能守之，万物将自化”，“天下将自定”。若把老子的著作与韩非子的著作对比，那我们可以发现韩非子许多观念都是对老子思想的延伸，司马迁把老子与韩非子放在同一篇传记内自有他的道理。当然，老子和韩非子的观念，实际上都是小国寡民时代、自然经济时代，如何管理国家的思想。现代生活则不同了，节奏快了，社会生活日新月异，要跟上历史的步伐，还是要自强不息，奋发图强。从思想渊源上讲，法家还是受老子的影响，是老子思想在国家管理方面的延伸而已。在国家管理上，主要是君、臣、民三者之间的关系。韩非的观念，主要集中在君臣之间的利害关系上，重点是治官。韩非在《韩非子·外储说右下》说：“人主者，守法责成以立功者也。闻有吏虽乱而有独善之民，不闻有乱民而有独治之吏，故明主治吏不治民。”此言君王所责成的对象是吏，也就是官。为官的不成样子，百姓中依然有好的。如果民心已经动摇，唯恐天下不乱，那么官员早已烂在前头了，很难说还有什么好的官吏。所以为君者主要的责任是治官，不是治民。官僚队伍像个样子了，天下自然太平。这话真是一针见血，官风正了，百姓才有太平的日子过。这在现代观念上，变成如何管理官僚队伍与维护公共利益，如何防止官僚队伍以权谋私，侵害公共利益。同时，我们不能动辄指责什么刁民的问题，讲什么国民素质不高，问题显然不在民的身上，根子还在官风不正上。

十四、小结

《商君书》中的《更法》《画策》《农战》，《韩非子》中的《五蠹》《说难》《孤愤》《忠效》《说疑》《定法》，让我们得以借鉴中国历史上改革的经验和以法治国的观念，为我们提供了如何改革、如何建立完善的法制、如何管理好国家的丰富思想资源。尽管这些都是两千多年前中国古代思想家的论述，但其中仍然有许多深刻的分析、敏锐的思虑，有许多非常精彩的思想亮点，值得我们去借鉴和学习。

中国优秀的传统文化，确实蕴含着许多永远值得我们不断去挖掘和借鉴的宝贵思想财富。当然，商鞅和韩非的作品有自己时代的特征，也包含了它所受时代的局限。

现在时代变了，这些篇目的内容，后人还是应抱分析的态度，有取有舍，其中有精华，也有许多糟粕，这一切应由读者根据实际情况进行取舍。不同的时代，不同的人物，取舍自然是不同的，有差异才是正常现象。

下篇

汉儒神学化和王莽改制的失败

改革不能唯上、唯书，只能唯实，从实际存在的社会矛盾和问题出发，调节好各个群体间的利益关系，让多数人受益，从而促进社会生产的发展。它不在于形式，而在于实质。这就是王莽改制留下的教训。

前　言

汉儒的发展，有其倾向神学化的一面，而王莽的起家，一是得益于外戚，汉有外戚辅政的传统。二是得益于儒学的神学化。王莽改制的失败，亦由于其过于迷恋儒学神学化之荒诞。其三，王莽之所以得逞，亦由于帝室的衰落，元、成、哀、平一代不如一代。今围绕这三点，叙述王莽起家的历史背景和思想资源，起家的过程，新莽代汉前后王莽的改制措施，然后叙述其垮塌的历程及其失败的原因。

一、汉代外戚辅政的历史传统是王莽起家的历史背景

汉代有外戚辅政的传统，高祖刘邦时，吕后便辅政于内。刘邦去世，朝廷的权力便掌握在吕氏手中，吕后拜吕台、吕产为将，将兵居南北军，诸吕皆官，居中用事，诸吕有六人封为列侯。惠帝时期吕后执政，惠帝死了吕后继续执政八年。到吕后去世，周勃、陈平等人发动政变，才改变局面。他们之所以立代王为文帝，因其母薄姬为人仁善，出身贫贱，家孤单，薄氏封侯者仅一人，即其弟薄昭，封为轵侯，便于应付。孝文帝的窦皇后，以良家子出身，其父亲早卒，其弟为人所掠卖，由于出身低微，后来也不敢以富贵骄人。文帝去世，窦氏为皇太后，其兄长君先死，所以封其子为南皮侯。又封其弟广国为章武侯，其从昆弟子窦婴，因破吴楚七国功，封魏其侯。窦氏为侯者仅此三人。孝景帝立武帝母王氏为后，后有同母异父弟田蚡与田胜，武帝即位时，封田蚡为武安侯，田胜为周阳侯。在武帝初，外家开始有人参政了。汉武帝即位时，只有十六岁，故武帝初年先是窦太后掌权（外家掌权了），后来

是母后说了算，实际执政的是窦婴与田蚡，前者为丞相，后者为太尉。窦太后在时，窦太后说了算，窦婴的地位高。窦太后去世，田蚡的影响大。《汉书·田蚡传》称："丞相入奏事，语移日，所言皆听。荐人或起家至二千石，权移主上。上乃曰：'君除吏尽未？吾亦欲除吏。'尝请考工地益宅，上怒曰：'遂取武库！'是后乃退。"那时外戚能弄权，但汉武帝是有作为有主张的君主，田蚡也受限制，田蚡之所以能如此，有其姊王皇后在支持。窦婴在窦太后去世以后便失势了，为了给灌夫打抱不平，自己也一同被杀。田蚡是病死的，窦太后与王太后去世以后，再没有外戚的力量牵制汉武帝时，汉武帝才能有所作为。然而汉武帝时，三大将皆因女宠而得任用。汉武帝宠卫子夫时，卫青以卫子夫同母弟得用为大将军，征匈奴有功，封长平侯。而霍去病以卫皇后姊之子而被用，为骠骑将军，征匈奴亦有功。李广利则因武帝宠其妹李夫人而为贰师将军。霍光则是霍去病的兄弟，得以侍卫在武帝左右，汉武帝临终时，托孤于霍光，霍光也是以外家起而掌权的。汉武帝早年深感女主掌权之苦，故其临终立少子刘弗陵为太子时，先以他故赐其母赵婕妤死，然后在临终时托孤于霍光、上官桀等。昭帝即位时只有九岁，在位十三年，终年仅二十一岁，他的夫人是上官桀的孙女，而上官桀之子安娶霍光女，尽管二人是婚姻之家，但在权力斗争上却互不相让，上官桀失败，被族诛。从这里可以看到外戚之间为争夺权力，也可以变成你死我活互不相让的局面。

昭帝死了以后，立昌邑王刘贺，他是李夫人之子，不久被废，然后立汉武帝的曾孙刘询为汉宣帝。刘询原名病已，因早年多病苦，故取此名以祛灾，后改名为询。他是戾太子刘据的孙子，由于巫蛊之事，太子刘据，包括母亲卫子夫皆死，而刘询刚生数月，赖廷尉监邴吉保护，后在其祖母史良娣家抚养长大。废昌邑王之后，武帝后代只有刘询生长于民间，故立其为帝，即汉宣帝。刘询在民间时便娶许广汉之女为妻，刘询即位以后，即以许氏为皇后，这是即位以前的婚姻关系。宣帝即位以后，朝廷大权都掌握在霍光的手上，霍光的夫人显，设法药死了许后，即许后立三年后即去世，留有一子，即后来的汉元帝。霍光又送其幼女入宫，立为皇后。霍光的夫人这样做，是希望借助于婚姻关系来巩固和稳定霍氏家族的社会地位。但是霍光去世，这场谋杀案子被翻出来时，反而给霍氏家族带来灭顶之灾。从这一连串事件，可以看到与皇家缔结婚姻关系成为步入权力顶端的一条捷径，但外戚之间，亦往往为了争夺权力而陷入你死我活的斗争中。汉王朝前期的状况是如此，汉王朝后期，外戚篡权和外戚之间的争权夺利斗争也愈演愈烈。

外戚能不能擅权，更大程度上取决于君王个人的能力和精神状态。汉代前期，文帝、景帝、武帝都还是有主张的，生杀之权掌控在自己手上，外戚很难专权。而惠帝那样软弱，那当然受制于其母亲吕后。如果立幼主，那就很难避免女主临朝与外戚辅政的局面。汉武帝立昭帝刘弗陵为太子时，先借故赐其母死，也就是这个道理。一旦身处权力结构的中心，大利大害相伴而生，那时的人，往往缺乏最起码的人性，上演的是一幕又一幕血腥的人吃人的惨剧。这是因为公共权力私有化以后，越在顶层，这个斗争便越残酷，越缺乏人性。宣帝亲历过霍光这个家族专权的过程，所以他在位的二十五年没有再一次出现外戚专权的状况，班固在《汉书·宣帝纪》的赞语中称：

> 孝宣之治，信赏必罚，综核名实，政事、文学、法理之士咸精其能，至于技巧、工匠、器械，自元、成间鲜能及之，亦足以知吏称其职，民安其业也。

故班固称其“可谓中兴”，昭、宣二代，与民休息，基本上扭转了武帝晚年的危局。

二、元、成、哀、平，一代不如一代

记得1973年时，毛主席曾提起过《汉书·元帝纪》开头，那时尚是太子的汉元帝柔仁好儒，与其父汉宣帝之间有过一段对话，史载：

> 见宣帝所用多文法吏，以刑名绳下，大臣杨恽、盖宽饶等坐刺讥辞语为罪而诛，尝侍燕从容言："陛下持刑太深，宜用儒生。"宣帝作色曰："汉家自有制度，本以霸王道杂之，奈何纯任德教，用周政乎！且俗儒不达时宜，好是古非今，使人眩于名实，不知所守，何足委任？"乃叹曰："乱我家者，太子也！"由是疏太子而爱淮阳王，曰："淮阳王明察好法，宜为吾子。"

汉宣帝这一段"汉家自有制度，本以霸王道杂之，奈何纯任德教"，其中的王道，是儒家讲的伦理，即尊尊亲亲，霸道是讲法治，后人往往以儒表法里概括之。从社会管理的角度讲，一般都包括思想上的防线、伦理上的防线、法制上的防线。董仲舒在《春秋繁露·仁义法》讲到“义”这个字的含义，是“以义正我”，是以道义来约束自己的行为，也就是《礼记·中庸》讲的诚心、正义、修身这三个方面，所约束的是追求私利的贪欲。第二条防线，讲礼仪制度与纲常关系，是以伦理来约束自身贪欲。在这一道防线之后，还有行政制度与社会舆论的约束，即群众监督和法制的强迫作用。第一道防线很重要，指人们思想上的防线，与第二道防线合在一起就是王道。后面一道防线就是法制的作用。儒表法里是讲一方面要有正确的思想引导，用今天的话讲就是要有正确的世界观和人生观；另一方面要有舆论、法制和群众的监督，单单依靠人的自觉不行，有一些人会私欲横行，所以还得有法制的约束。要在法律面前人人平等，有法必依，违法必究，要两手都过硬。现在的问题，这两手都太软。接着汉宣帝上面这一段话，毛主席就说了：“元、成、哀、平，一代不如一代。”这四代，都是放手让儒生执政，结果都软弱无能，而且为人行事皆荒诞不经。《汉书·淮阳宪王钦传》也讲到宣帝“常有意欲立张婕妤与宪王”，“然用太子起于微细，上少依倚许氏，及即位而许后以杀死，太子早失母，故弗忍也”。所以还是让刘奭即位，是为汉元帝。元帝二十七岁即位，在位十六年，终年四十三。这个人做了皇帝以后，身体不好。班固《汉书·元帝纪》赞语称：

臣外祖兄弟为元帝侍中，语臣曰：元帝多材艺，善史书。鼓琴瑟，吹洞箫，自度曲，被歌声，分刌节度，穷极幼眇。少而好儒，及即位，征用儒生，委之以政，贡、薛、韦、匡迭为宰相。而上牵制文义，优游不断，孝宣之业衰焉。

这里讲了三条：一是好儒术，用儒生为相，而实际执政的则是身边的宦官石显；二是个人爱好器乐，而且自己会吹奏和作曲，应该说是一个很有天分的音乐家；三是此人优柔寡断，不是做皇帝的料，让他做皇帝反而害了他。《汉书·石显传》亦称：

是时，元帝被疾，不亲政事，方隆好于音乐，以显久典事，中人无外党，精专可信任，遂委以政。事无小大，因显白决，贵幸倾朝，百僚皆敬事显。

为帝者懒得管事，结果变成让身边的宦官专权了。宣宗临终时，曾让萧望之、周堪、史高三个人辅政，史高是外戚，萧望之是汉元帝的师傅，儒者之宗。他们对石显专权有意见，那时中书是宦官弘恭与石显掌权，“望之以为中书政本，宜以贤明之选，自武帝游宴后庭，故用宦者，非国旧制，又违古不近刑人之义，白欲更置士人。”（《汉书·萧望之传》）这下子得罪了石显他们，但石显有外戚史高的支持，故亦有恃无恐。汉元帝不懂得文法，他们奏：“望之、堪、更生朋党相称举，数谮诉大臣，毁离亲戚，欲以专擅权势，为臣不忠，诬上不道，请谒者召致廷尉。”而汉元帝不懂得“召致廷尉”便是下狱，同意了他们的奏疏。过了几天，汉元帝要找他们议事，才知道他们被下狱，责问怎么弄到廷尉下狱呢？最终萧望之仰药自尽，周堪与刘向被免为庶人。萧望之死了以后，元帝“追念不已”，于是加恩其子，每年派使者去给萧望之扫墓。从这件具体事例可知，汉元帝在政事上之无知与无能，完全被石显玩弄在股掌之间。石显要到元帝去世、成帝即位以后，才失去依靠，被揭发过去的问题，免官返乡，在半路病死。由此汉元帝在位的十六年，他是怎么做皇帝的，也就可想而知了。他的皇帝生活，是沉湎音乐。《汉书·史丹传》有一段记载元帝后期在宫廷内演奏音乐的细节，其云：

> 建昭之间，元帝被疾，不亲政事，留好音乐。或置鼙鼓殿下，天子自临轩槛上，隤铜丸以擿鼓，声中严鼓之节。后宫及左右习知音者莫能为，而定陶王亦能之，上数称其材。

建昭是汉元帝晚年的年号，纪年的时间共五年（前 38 年到前 34 年），这里记载元帝在殿上听音乐，扔下铜丸来掷中鼙鼓，声音符合庄严的鼓乐节拍，这是相当有难度的。定陶王即刘康，是汉元帝的儿子。《汉书·定陶王传》称："王少而爱，长多材艺，习知音声，上奇器之。母（傅）昭仪又幸，几代皇后太子。"从这些文字，可以看到汉元帝父子俩都那么沉迷于音乐，而且儿子的音乐才华更胜一筹。从元帝个人讲，这没有什么不好，但从做皇帝讲，那就是孔子讲的"玩物丧志"，结果是误了国事。故班固会在其赞语中称"孝宣之业衰矣"。作为皇帝，他只能算是一个败家子。

继元帝在位的是汉成帝，即刘骜，宣帝称其为太孙，常置于身边左右，他三岁时宣帝便去世了，元帝即位时立其为太子。这样从小生活在深宫大院之内，长大于妇人之手，如此从孩子抓起，能培养出好皇帝来吗？当然不能。要培养一个音乐家，如汉元帝与定陶王，可以从娃娃抓起。但是要培养一个管理国家大事的皇位接班人，让其生活在深宫大院可造就不了好皇帝。汉宣帝早年是生活在民间的，合格的帝王只能在群众生活中、在斗争中历练出来；捧起来的只能是刘禅那样的阿斗，最终当了俘虏，还说"乐不思蜀"。汉成帝二十岁时即位，在位时间是二十六年，终年四十五岁。元帝与成帝父子俩都死于壮年，生活条件太优越了，不一定能长寿。班固《汉书·成帝纪》的赞语云：

臣之姑充后宫为婕妤，父子昆弟侍帷幄，数为臣言：

成帝善修容仪，升车正立，不内顾，不疾言，不亲指，临朝渊嘿，尊严若神，可谓穆穆天子之容者矣！博览古今，容受直辞。公卿称职，奏议可述。遭世承平，上下和睦。然湛于酒色，赵氏乱内，外家擅朝，言之可为於邑。建始以来，王氏始执国命，哀、平短祚，莽遂篡位，盖其威福所由来者渐矣！

从班固赞语可知，这是近距离观察汉成帝刘骜如何有模有样地做皇帝的，但其“善修容仪”只是徒具形式，关键是能不能防微杜渐地及时处理内外的各种问题。其实那些形式上的东西，都是花架子，决定成败得失的是其内涵，即其驾驭国家机构、应对各种复杂社会危机的能力，然而汉成帝在这方面完全无能。在宫廷生活中，他完全沉湎于女色，这是亡国之主的一个特色。他宠爱的是赵飞燕，有一个成语叫燕瘦环肥，指的是中国历史上有名的两位美女，二人各有特色，即瘦飞燕与肥玉环，赵飞燕以瘦为特色，而唐人好肥，故杨贵妃以肥为其美色。成帝好女宠，先有许后，以后是班婕妤，此后有李平，亦立为婕妤，时间久了，皆失宠，成帝又宠赵飞燕。《汉书·外戚传下》关于赵飞燕亦有传，其云：

孝成赵皇后，本长安宫人。初生时，父母不举，三日不死，乃收养之。及壮，属阳阿主家，学歌舞，号曰飞燕。成帝尝微行出。过阳阿主，作乐。上见飞燕而说之，召入宫，大幸。有女弟复召入，俱为婕好，贵倾后宫。

她们姊妹俩专宠十余年，皆无子。后赵飞燕被立为皇后，她也干过缺德事，即诬告许后与班婕妤诅咒王美人及王凤，许后因此被废，而班婕妤在被拷问时不认，故没有被处置，后来退处东宫，供养太后。班家有文，班婕妤亦善于辞赋。从成帝后宫诸妃之间的矛盾斗争可以看出，成帝沉湎酒色，故后宫也不得太平。成帝时，朝廷上实为孝元皇后的兄弟王凤执政。孝元皇后是成帝的母亲，其家有十侯五大司马，这五大司马是王凤、王音、王商、王根、王莽。在整个汉代，外戚莫盛于王家，之所以盛是倚仗成帝之母孝元皇后，故那个时期的外戚擅权，肇始于汉元帝时的王皇后。元帝时实际执政的是弘恭与石显这些宦官，成帝即位以后，王家以王凤为代表开始掌权了。王凤是成帝的舅舅，为大司马大将军，领尚书事，朝政归于王家，而成帝则沉湎于酒色，不问政事，而且没有儿子。成帝死得很突然，半夜里还好好的，早晨起床，“因失衣，不能言”，便去世了，看来是脑卒或心梗。这一突然事件被归罪于赵飞燕的妹妹，《汉书·外戚传下》称：“民间归罪赵昭仪，皇太后诏大司马莽、丞相大司空曰：‘皇帝暴崩，群众谨哗怪之。掖庭令辅等在后庭左右，侍燕迫近，杂与御史、丞相、廷尉治问皇帝起居发病状。’赵昭仪自杀。”不久，赵飞燕也垮了。哀帝即位以后，追查成帝与许美人有子，产子，子隐不见，查下来是成帝在赵昭仪唆使下派人取儿弄死埋了，故其子下落不明。

成帝没有子嗣，定陶王之子刘欣以元帝庶孙的身份继承皇位，其所以被立为太子，是因赵飞燕的支持。哀帝的祖母是傅家，母亲是丁家，这两户与元王后有隙。在哀帝执政时，王氏失势，这实际上是后宫外戚之间争夺权力的斗争。天上飞来的富贵都靠不住。班固在《汉书·外戚传下》有一段赞语云：

> 夫女宠之兴，由至微而体至尊，穷富贵而不以功，此固道家所畏（老子说过“福兮祸所伏，祸兮福所倚”，福与祸是可以互相转化的），祸福之宗也。序自汉兴，终于孝平，外戚后庭色宠著闻二十有余人，然其保位全家者，唯文、景、武帝太后及邛成后四人而已。至如史良娣、王悼后、许恭哀后身皆夭折不辜，而家依托旧恩，不敢纵恣，是以能全。其余大者夷灭，小者放流，呜呼！鉴兹行事，变亦备矣。

故后宫以外戚得势，未必是好兆头，大利之所在，必以大害相伴，在利害之前，审慎以义，不图侥幸，方能避祸为福。外戚之间，王家与丁、傅两家之间的争斗，留在后面再说。先说哀帝其人，哀帝刘欣，即位时二十岁，在位六年，终年二十六，没有留下子孙。这个人喜欢董贤，与他搞同性恋，并未留意于政事。《汉书·佞幸传》载董贤之事，董贤是太子舍人，哀帝即位以后，随太子入宫为郎官，这是建平三年（前4年）的事情。《汉书·董贤传》云：

> 贤传漏（报时）在殿下，为人美丽自喜，哀帝望见，说其仪貌，识而问之，曰："是舍人董贤邪？"因引上与语，拜为黄门郎，由是始幸。……宠爱日甚，为驸马都尉侍中，出则参乘，入御左右，旬月间赏赐累巨万，贵震朝廷。常与上卧起。尝昼寝，偏藉上袖，上欲起，贤未觉，不欲动贤，乃断袖而起。其恩爱至此。贤亦性柔和便辟，善为媚以自固。每赐洗沐，不肯出，常留中视医药。上以贤难归，诏令贤妻得通引籍殿中，止贤庐，若吏妻子居官寺舍。又召贤女弟以为昭仪，位次皇后，更名其舍为椒风，以配椒房云。昭仪及贤与妻旦夕上下，并侍左右。赏赐昭仪及贤妻亦各千万数。迁贤父为少府，赐爵关内侯，食邑，复徙为卫尉。又以贤妻父为将作大匠，弟为执金吾。

又云：

> 上置酒麒麟殿，贤父子亲属宴饮，王闳兄弟侍中、中常侍皆在侧。上有酒所，从容视贤笑，曰：“吾欲法尧禅舜，何如？”闳进曰：“天下乃高皇帝天下，非陛下之有也。陛下承宗庙，当传子孙于亡穷。统业至重，天子亡戏言！”上默然不说，左右皆恐。于是遣闳出，后不得复侍宴。

从哀帝与董贤的关系看，哀帝哪像一个做皇帝的样子？把权力当作儿戏在玩弄，迷恋于酒色的结果是短命，二十六岁便去世了，而且没有留下后代。他这一死，权力立即处于真空状态，什么人能抓住这个时机，那他就能掌控国家权力。接哀帝位的是平帝，他是一个只有九岁的小孩子，在这个关键时刻孝元皇后起了关键的作用，王莽是在这个机会中走上权力顶峰的。

班固在《汉书·佞幸传》的赞语中，说了一段颇有意味的话，其云：

> 柔曼之倾意，非独女德，盖亦有男色焉。观籍、闳、邓、韩之徒非一，而董贤之宠尤盛，父子并为公卿，可谓贵重人臣无二矣。然进不由道，位过其任，莫能有终，所谓爱之适足以害之者也。汉世衰于元、成，坏于哀、平。哀、平之际，国多衅矣。主疾无嗣，弄臣为辅，鼎足不强，

栋干微挠。一朝帝崩，奸臣擅命，董贤缢死，丁、傅流放，辜及母后，夺位幽废，咎在亲便嬖，所任非仁贤。故仲尼著“损者三友”，王者不私人以官，殆为此也。

这一段话班固讲得比较沉重，但切中要害。所谓损三友，即友便辟，友柔善，友便佞，损矣。意谓碰到柔仁拍马屁的人，要远离三尺，只给你讲好话的人，不见得便是好人，为人要善待诤友。

三、孝元皇后的起家及其如何为王莽上台铺平道路

孝元皇后，即王政君，她的父亲叫王禁，曾经在廷尉为史，生有四女八男，王政君是其次女。八个儿子，依次为王凤、王曼、王谭、王崇、王商、王立、王根、王逢时，其中王凤、王崇与政君是同一个母亲。王政君十八岁时，她父亲把她送入掖庭为家人子。掖庭是皇宫的旁舍，宫嫔的居舍，庶民之女入宫，称家人子。宣帝的王皇后，从后宫家人子中挑选了五个人供太子选择，时王政君坐在太子一旁，被选中送入太子宫，怀孕生子，即后来的汉成帝刘骜。元帝去世以后，汉成帝即位，她便成为皇太后了，史称孝元皇后。这个人还有一点心机，沉得住气。成帝即位时，只有二十岁，成长于宫廷，爱好音乐，没有经历过世事，故政事都交给其舅王凤掌管，以王凤为大司马大将军，王凤是孝元皇后的亲哥哥。河平二年（前 27 年），同时封成帝之舅王谭为平阿侯，王商为成都侯，王立为红阳侯，王根为曲阳侯，王逢时为高平侯，五人同一天封侯，故称之为“五侯”。那时王氏的子弟皆在朝廷

为卿大夫、侍中、诸曹，分据势要于朝廷，朝臣皆侧目而视。王凤前后执政十一年，大小事都由王凤决策。有一次，成帝与刘向的少子刘歆闲聊。二人言语投机，成帝欲以为中常侍，令人取衣冠，让刘歆拜官，左右皆称须请示大将军王凤。成帝说，这件小事还要问大将军吗？结果拗不过左右近侍，还是去问了王凤，王凤认为不行，成帝便只好作罢。从这件小事可以看出成帝为王氏家族所架空，在宫廷内只能用音乐和宴会来寻欢作乐了。王凤头脑还比较清醒，还能掌控大局，其他诸舅那就穷奢极侈不知所以了。《汉书·元后传》称：

> 自是公卿见凤，侧目而视，郡国守相、刺吏皆出其门。又以侍中太仆音为御史大夫，列于三公。而五侯群弟，争为奢侈，赂遗珍宝，四面而至；后庭姬妾，各数十人，僮奴以千百数，罗钟磬，舞郑女，作倡优，狗马驰逐；大治第室，起土山渐台，洞门高廊阁道，连属弥望。百姓歌之曰："五侯初起，曲阳最怒，坏决高都，连竟外杜，土山渐台西白虎。"其奢僭如此。

"高都"是水名，入长安。"外杜"，长安地名，"白虎"亦是地名。指既坏决高都水，作殿，复衍及外杜里。这一段是显示五侯宅院之豪华奢侈，姬妾满庭，僮奴千百。这样一种穷奢极侈的生活，很难持久的。王凤临终时，成帝问他谁能承其后之事，他说王谭等五侯必不可信用，他推荐了堂兄弟王音。王音辅佐成帝八年，接下来以王商为大司马卫将军，辅政四年。而后是以王根为大司马骠骑将军，而王根则推荐王莽来取代自己，于是王莽为大司马。王莽是孝元皇后兄弟王曼的儿子，曼早死。王莽辅政半年后，成帝去世，故成帝在位的二十多年都是孝元王皇后的家族在把持朝政。

汉哀帝是以定陶王之子继位的，他的祖母是傅昭仪，被尊为太后，母亲是丁姬，后宫的亲属关系发生变化了。哀帝即位后两年，傅太后与丁姬皆上尊号，丞相朱博便弹劾王莽，“亏损孝道，当伏显戮，幸蒙赦令，不宜有爵土，请免为庶人。”（《汉书·王莽传上》）于是王莽便被遣就封国，时王莽为新都侯，在今河南南阳地区。他在封国前后只有三年时间，在哀帝执政的四五年间，王氏家族势力处于低潮。哀帝在位的最后一年，王莽被征还京师，傅太后、丁太后皆先于哀帝去世，王家势力才重新抬头。哀帝去世时，孝元皇太后挺身而出，掌控了全局。这个过程，实际上是一场宫廷政变。哀帝驾崩当日，《汉书·董贤传》载：

> 太皇太后召大司马贤，引见东厢，问以丧事调度。贤内忧，不能对，免冠谢。太后曰：“新都侯莽前以大司马奉送先帝大行，晓习故事，吾令莽佐君。”贤顿首

幸甚。太后遣使者召莽。既至，以太后指使尚书劾贤帝病不亲医药，禁止贤不得入出宫殿司马中。贤不知所为，诣阙免冠徒跣谢。莽使谒者以太后诏即阙下册贤曰："间者以来，阴阳不调，灾害并臻，元元蒙辜。夫三公，鼎足之辅也，高安侯贤未更事理，为大司马不合众心，非所以折冲绥远也。其收大司马印绶，罢归第。"即日贤与妻皆自杀，家惶恐夜葬。

从这段记载，可见哀帝死得很突然，近身的董贤毫无思想准备，而董贤固是小人得志，不知道如何应对如此突发事件，便束手自尽了。又《汉书·王莽传上》亦载此事过程，今录其文于下：

太皇太后即日驾之未央宫收取玺绶，遣使者驰召莽。诏尚书，诸发兵符节，百官奏事，中黄门、期门兵皆属莽。莽白："大司马高安侯董贤年少，不合众心，收印绶。"贤即日自杀。太后诏公卿举可大司马者，大司徒孔光、大司空彭宣举莽，前将军何武、后将军公孙禄互相举。太后拜莽为大司马，与议立嗣。

于是立元帝之孙、中山孝王之子刘衎为帝，即汉平帝，当时他只有九岁，母亲是卫姬，实际上由孝元皇后以太皇太后的身份临朝，由大司马王莽秉政，百官总己以听于莽。平帝只是一个傀儡，在位时间只有五年，终年十五岁。关于平帝之死，颜师古称：“《汉注》云帝春秋益壮，以母卫太后故怨不悦。莽自知益疏，篡杀之谋由是生，因到腊日上椒酒，置药酒中。故翟义移书云：‘莽鸩弑平皇帝。’”因此，平帝很可能是王莽谋害的。平帝母卫姬，平帝立，王莽不让卫后进京，为此卫后日夜涕泣，思见帝，而平帝思母，亦怨恨于王莽，这才迫使王莽对平帝下毒手。王莽篡国后，卫后被废为家人，不久亦去世。由此可见，权力争夺过程中，一些人就是那么残酷无情。

四、王莽其人

王莽的父亲王曼，论年齿仅次于王凤，但与王凤异母，故与王政君是异母兄弟。王曼早死而没有封侯，故早年王莽之堂兄弟因五侯之子，皆“乘时侈靡，以舆马声色佚游相高”，“莽独孤贫，因折节为恭俭。受《礼经》，师事沛郡陈参，勤身博学，被服如儒生。事母及寡嫂，养孤兄子，行甚敕备。又外交英俊，内事诸父，曲有礼意”（《汉书·王莽传》）。王莽从外表上看与儒生无异，故能博得诸人赞誉。王凤生病时，“莽侍疾，亲尝药，乱首垢面，不解衣带连月。凤且死，以托太后及帝，拜为黄门郎，迁射声校尉”。他靠侍病王凤，巴结太后，才获得王氏家族的认可，为其日后为官创造了条件。到了成帝末年，诸舅皆已相继去世，那时王家比较像样的也只有王莽这个人了，王根只有推荐王莽来取代自己为大司马。通过成帝末及哀帝初为大司马的历练，王莽获得了掌控中央国家权力的基本知识和技能，后来被迫就国，他也有恃无恐，等待时机，东山再起，这就是王莽后来取得政权的外部条件和其自身的历练与素养。王莽就国时，也充分表现自己儒家那套虚伪的道德修养，以博得人们的赞誉。“莽杜门自守，其中子获杀奴，莽切责获，令自杀。在国三岁，吏上书冤讼莽者以百数。元寿元年（前 2 年），日食，贤良周护、宋崇等对策深颂莽功德，上（指哀帝）于是征莽。”王莽能回到京师，除了仰仗元后的势力，还有社会舆论的支持。王莽善于作假，这是他之后一以贯之的行为准则，问题的关键还是在于他处理实际问题的能力，虚名假誉迟早会露出破绽来的，能欺人于一时，不能欺人于一世。王莽接掌权力以后，立即设法处理他的政敌，没有举他为大司马的何武与公孙禄因互举而被免职了，同时拉拢孔子的后裔大司徒孔光做自己执政的陪衬。王莽任命孔光的女婿甄邯为侍中奉车都尉，通过孔光把相关事项上奏给太皇太后，然后王莽再给太皇太后打招呼，允其所奏，那他就不直接出面做恶人。同时又设法孤立孝元太皇太后。太后的亲弟弟王立，可以把朝廷的状况报告给太后，王莽就设法让红阳侯王立就国。他就这样以上胁下，以下胁上，提拔亲附自己的如王舜、王邑等人，以便于独揽大权。立了平帝以后，投靠王莽的孔光、王舜等被封为四辅，以王莽为安汉公。同时他还让公卿奏言太后年老厌政，不宜亲省小事，大小事宜均应由安汉公定夺，迫使太后下诏：“自今以来，惟封爵乃以闻。他事，安汉公、四辅平决。州牧、二千石及茂材吏初除奏事者，辄引入至近署对安汉公，考故官，问新职，以知其称否。”如此便把太后也架空了，王莽一人大权独揽，太后对他也无可奈何。王莽便是靠玩弄这些小聪明和欺骗太后、朝臣而篡权，这样人人都有求于王莽。为了巩固自己的权力，他还把女儿嫁给平帝为皇后，在这一背景下，群臣便皆上奏称莽功德。王莽这个人对自己的子女也非常残忍，王宇是他的长子，曾经与平帝母卫后策划上书谋回宫，护持平帝，为此王莽把自己的儿子王宇下狱饮药死。王宇的老师吴章及其妻兄吕宽等人牵涉到此事，包括红阳侯王立，王莽都派使者迫使他们饮药自杀。王宇的妻子怀孕，亦在狱中被杀。虎毒不食子，王莽的几个儿子都是他自己亲手逼死的，这些行为反映了他凶狠残暴的一面。为了把持权力，他既有假仁假义笼络人心的一面，背后还有残酷暴虐的另一面。平帝死后，王莽在汉宣帝玄孙中挑选了只有两岁的广戚侯子刘婴作为傀儡，自己仿周公居摄践祚为假皇帝了，而且改元为居摄，以假皇帝自称，臣民谓之摄皇帝，立刘婴为皇太子，号曰孺子。他对孺子的态度，是使周围的人不能对小孩子说话，故孺子是在失语的状态下长大，实际上成为不懂事的白痴了。到王莽改制，改国号为新，年号为始建国元年（8 年）。他改制的那一套做法完全是从儒家典籍那里搬来的形式主义的一套东西。王莽这个人又非常迷信鬼神，将汉儒从阴阳家那儿搬来的灾异祥瑞那一套东西，作为自己的说辞。他是孝元太皇太后一手扶持起来的，王莽即皇帝位以后，又逼太后交出汉的传国玉玺，《汉书·元后传》载其事云：

及莽即位，请玺，太后不肯授莽。莽使安阳侯舜谕指。舜素谨敕，太后雅爱信之。舜既见，太后知其为莽求玺，怒骂之曰："而属父子宗族蒙汉家力，富贵累世，既无以报，受人孤寄，乘便利时，夺取其国，不复顾恩义。人如此者，狗猪不食其余，天下岂有而兄弟邪！且若自以金匮符命为新皇帝，变更正朔服制，亦当自更作玺，传之万世，何用此亡国不祥玺为，而欲求之？我汉家老寡妇，旦暮且死，欲与此玺俱葬，终不可得！"太后因涕泣而言，旁侧长御以下皆垂涕。

尽管这些话骂得很痛快，但最后王莽还是得到了汉的传国玺，从这件事也可以看到王莽这个人为人之丑恶。

五、王莽改制的思想资源

王莽在掌握政权前后，所进行的改革措施，无非包括三个方面。一是官制的改革，大都属于形式上的东西。他是模仿周礼的，他行事的思想资源大多来自汉代的儒学，儒学在汉代有许多倾向于神学的变化。二是田制的改革，他想推行古代的井田制，实施土地国有制。这件事的思想资源来自古代的儒学，又有当时的社会历史背景。王莽这项改革是完全失败的，在社会上制造了很大的混乱。改革只能从实际出发来调整利益关系，儒学复古的观念是错误的，从理论和概念出发是导致他失败的一个重要原因。三是关于币制的改革。货币是商品交换的工具，货币本身不会创造财富，当内外动乱相继而起，用兵要有财政上的支持，这时王莽想在货币发行上打主意，结果失败了。在他之前汉武帝曾经这样做过，失败了，只能推行五铢钱。汉武帝在失败以后，能下罪己诏，转变政策，重新稳住阵脚，王莽做不到这一点，一败而不可收拾。王莽改制相关的这三点，其思想基础皆是儒学，故得大体知道一点儒学思想在汉代发展演变的过程，它怎么会产生如王莽这样一个怪物。

先说汉代儒学思想的变化，然后说它与王莽变法的历史渊源关系。先举一个例子，平帝元始四年（4 年），王莽在二月间立其女儿为皇后，那一年的夏天，安汉公王莽便建议立明堂、辟雍，实际上还包括灵台。明堂这个东西比较复杂，《礼记·月令》讲的明堂，始见于《吕氏春秋》的“十二纪”，孟春纪便有“天子居青阳左个”，仲春纪讲“天子居青阳大庙”，季春纪讲“天子居青阳右个”，孟夏纪讲“天子居明堂左个”，仲夏纪讲“天子居明堂太庙”，季夏纪讲“天子居明堂右个”，下面秋、冬不在此一一列举了。依照《吕氏春秋》的说法，明堂是天子起居和宣布政令的地方，其形制为中方外圆，不同方位有不同名称，东为青阳，南为明堂，西为总章，北为玄堂。四堂各有一个正室，称为太庙，两个侧室，左侧为左个，右侧为右个，个即间隔的意思，这是目前所见最早关于明堂的记载。《礼记》有一篇名叫《明堂位》的，认为“明堂也，明诸侯之尊卑也”，周公朝见诸侯于明堂，各诸侯以公侯伯子男诸等级的爵位，各自定位，实际上是确定诸侯与天子之间的等级隶属关系。后来关于明堂的说法便越来越复杂了，东汉时的应劭认为，“明堂所以正四时，出教化，明堂上圜下方，八窗四达，布政之宫，在国之阳。上八窗法八风，四达法四时，九室法九州，十二重法十二月，三十六户法三十六旬，七十二牖法七十二候”。《孝经》曰：“宗祀文王于明堂，以配上帝。”关于辟雍，应劭认为象辟圜，雍之以水，象教化流行。这样的建筑模式，是无法付诸实施的。《礼记·王制》称：“大学在郊，天子曰辟雍。”诸侯曰泮宫。东汉以后，历代的太学，宋以前皆称辟雍，实际上是祭祀的场所。灵台，是帝王的园林。《孟子·梁惠王》：“文王以民力为台为沼，而民欢乐之，谓其台曰灵台，谓其沼曰灵沼。”这些都是古代的传说，儒家当一回事在宣扬，而王莽把它真当一回事，搞起明堂、辟雍、灵台这些建筑来，无非是想借此抬高自己的身价，而且在次年的正月，正式在明堂举行祭祀，参加的有诸侯王二十八人，列侯百二十八人，宗室子九百余人，礼毕，封孝宣曾孙信等三十六人为列侯，那完全是儿戏了，事后国师刘歆、陈崇等十二人皆以治明堂、宣教化被封为列侯。刘歆是刘向的少子，以精通儒家古文经典而著名。从这个例子，可以知道王莽政改的思想资源都是从儒家，特别是从西汉末以刘歆为代表的儒生那儿来的。

六、西汉儒学思想的演化

西汉末年，怎么会产生刘歆这样为王莽改制提供思想依据的人呢？这还得做一点追本溯源的工作。儒家与先秦战国年间其他诸子不同的地方，即六艺都是儒生在那里整理和传承的。关于六艺，司马迁在《史记》的《太史公自序》中，有一段简明的表述，其云：

> 夫《春秋》，上明三王之道，下辨人事之纪，别嫌疑，明是非，定犹豫，善善恶恶，贤贤贱不肖，存亡国，继绝世，补敝起废，王道之大者也。《易》著天地、阴阳、四时、五行，故长于变；《礼》经纪人伦，故长于行；《书》记先王之事，故长于政；《诗》记山川、溪谷、禽兽、草木、牝牡、雌雄，故长于风；《乐》乐所以立，故长于和；《春秋》辩是非，故长于治人。是故《礼》以节人，《乐》以发和，《书》以道事，《诗》以达意，

《易》以道化，《春秋》以道义。

实际上这六艺是中国古代典章制度及文化的记录，《书》是文告的汇总，《礼》讲礼仪、原理、政府机构，《诗》是人们交往的文化载体，《乐》是音乐及其意义，《春秋》是纪史事的，而《易》则是讲认识论和思维方法的，古人学习文化都从这儿开始。

要统治和管理这么庞大的一个国家，就必须了解它以往的历史和文化，故汉代为帝王授课，离不开六艺，刘邦便让叔孙通这个儒生担任了汉惠帝的太子太傅。教育的思想资源掌握在儒家手中，所以太子的教育大都由儒生担任。汉武帝即位时，窦婴与田蚡都倾向于儒学，所以丞相赵绾在举贤良的事上，建议："所举贤良，或治申、商、韩非、苏秦、张仪之言，乱国政，请皆罢。"(《汉书·武帝纪》)奏可。过了一年，信奉黄老思想的窦太后不高兴了，"御史大夫赵绾坐请毋奏事太皇太后，及郎中令王臧皆下狱，自杀。丞相婴、太尉蚡免"（《汉书·武帝纪》）。其实这件事与王莽让文武百官不再奏事太皇太后还不就是一回事，因为侵犯了窦太后的权力，所以被窦太后处置了，而元皇后作为太皇太后就软弱了。窦太后还是瞎子，她决心处置赵绾与王臧，谁也无可奈何。十六岁即位，那时只有十七岁的汉武帝也只有听命于窦太后，而王莽毕竟羽翼丰满了，这是二者有区别的地方。元皇后在王莽设法孤立自己时，只能饮下这杯苦酒。

关于赵绾和王臧这两个人出身的情况，《汉书·儒林传》还是有记载的。他们都是鲁诗申公的传承人，申公与楚元王有过交往，后来退居在鲁，以传授《诗经》为业。关于王臧的情况，史载："兰陵王臧既从受《诗》，已通，事景帝为太子少傅，免去。武帝初即位，臧乃上书宿卫，累迁，一岁至郎中令。及代赵绾亦尝受《诗》申公，为御史大夫。绾、臧请立明堂以朝诸侯，不能就其事。"（《汉书·儒林传·王臧》）这件事客观上有困难，因为明堂构筑的形状，历来众说纷纭，而窦太后对这件事又不高兴了，为什么？"窦太后喜《老子》言，不说儒术，得绾、臧之过，以让上曰：'此欲复为新垣平也！'上因废明堂事，下绾、臧吏，皆自杀。"（《汉书·儒林传·申公》）新垣平是一个方士，他在汉文帝时因神道设教行诈骗，事发后被处死，事见《汉书·郊祀志》。汉武帝早年在赵绾、王臧的唆使下，便想搞所谓明堂、辟雍之事，无非是为了确定诸侯王与天子之间的等级关系，但因为窦太后的反对而没有搞成。王莽掌握权力以后，把这件事搞成了。当然，这都是劳民伤财的形式主义的东西，并没有多大的实际意义。辕固斗野猪是一件趣事，从这件事，可以知道汉景帝便已喜欢儒家了，《汉书·儒林传·辕固》记其事云：

辕固，齐人也。以治《诗》孝景时为博士，与黄生（黄老学者）争论于上前。黄生曰："汤、武非受命，乃杀也。"

固曰："不然。夫桀、纣荒乱，天下之心皆归汤、武，汤、武因天下之心而诛桀、纣，桀、纣之民弗为使而归汤、武，汤、武不得已而立。非受命为何？"（儒家的天命观为改朝换代提供了根据，王莽以新代汉，也是用了这个天命观。）黄生曰："'冠虽敝必加于首，履虽新必贯于足。'何者？上下之分也。今桀、纣虽失道，然君上也；汤、武虽圣，臣下也。夫主有失行，臣不正言匡过以尊天子，反因过而诛之，代立南面，非杀而何？"固曰："必若云，是高皇帝代秦即天子之位，非邪？"(这就使问题处于两难了。)于是上曰："食肉毋食马肝，未为不知味也；言学者毋言汤、武受命，不为愚。"遂罢。

这次辩论，汉景帝打了一个圆场。窦太后则命辕固与野猪搏斗，史云：

窦太后好《老子》书，召问固。固曰："此家人言耳。"太后怒曰："安得司空城旦书乎！"乃使固入圈击彘。上知太后怒，而固直言无罪，乃假固利兵。下，固刺彘正中其心，彘应手而倒。太后默然，亡以复罪。（《汉书·儒林传·辕固》）

从这件事可以知道，汉景帝亦倾向于儒术，所以汉武帝想任用儒生也就很自然了。而汉初则是黄老之说占支配地位，为什么？因为黄老之学主张无为而治，与民休息，而儒学则投君王好大喜功之好。司马谈在《论六家要旨》中讲儒者“以为人主天下之仪表也，主倡而臣和，主先而臣随”，它助长了封建帝王的好大喜功，所以为帝为王者喜欢儒学。王莽那么多所谓改革，便是在这种思想鼓动下的盲动。

窦太后去世以后，汉武帝才真正能亲政，儒学才真正能复兴。元光元年（公元前 134 年）招纳贤良方正，于是董仲舒、公孙弘这些儒生才能出头，社会才能出现独尊儒术的局面。实际上儒术扩张的局面，是帝王权力无限膨胀的结果，最终实践证明，此路不通。先说公孙弘如何为人，如何对待汉武帝，就可以知道如何以儒术为臣的形象了。《汉书·公孙弘传》有关公孙弘与汲黯的关系之记载，可见其如何为人。其云：

> 弘奏事，有所不可，不肯庭辩。常与主爵都尉汲黯请间，黯先发之，弘推其后，上常说，所言皆听，以此日益亲贵。尝与公卿约议，至上前，皆背其约以顺上指。汲黯庭诘弘曰：“齐人多诈而无情，始为与臣等建此议，今皆背之，不忠。”上问弘，弘谢曰：“夫知臣者以臣为忠，不知臣者以臣为不忠。”上然弘言。左右幸臣每

毁弘，上益厚遇之。

从这一段文字，可见公孙弘为人与为官的宗旨——一切顺从君王的意旨，故《汉书·公孙弘传》称：“弘为人谈笑多闻，常称以为人主病不广大，人臣病不俭节。”汉武帝好大喜功犯下的过错，实际上与公孙弘有关。汉武帝时的丞相二十多人，只有公孙弘为丞相、御史大夫六年，年八十终丞相位，为什么能如此？由于他奉行的是“君唱臣和，主先臣随”的原则，“其后李蔡、严青翟、赵周、石庆、公孙贺、刘屈氂继踵为丞相”，只有石庆一个人终于相位，可见其他人皆不得如何为相之要领。法家对君王的要求便不同了，君王不能肆意胡作非为，必须收敛自己的一切喜恶，要做到的是，“君无见其所欲，君见其所欲，臣自将雕琢。君无见其意，君见其意，臣将自表异。故曰：‘去好去恶，臣乃见素；去旧去智，臣内自备。’”（《韩非子·主道》）君王无为，才能冷静客观地考察为臣之名实关系，才能做出比较客观和正确的抉择。这一点是汉武帝做不到的，汉武帝的个人欲望很强，而且很随意，怎么可能束缚自己的欲念呢？他喜欢公孙弘这样的儒者自然就不足为奇了。《汉书·汲黯传》有一段汉武帝与汲黯的对话，汲黯也生动地揭露了武帝的本性，其云：

上方招文学儒者，上曰吾欲云云，黯对曰：“陛下

> 内多欲而外施仁义，奈何欲效唐、虞之治乎！”上怒，变色而罢朝。公卿皆为黯惧。上退，谓人曰：“甚矣，汲黯之戆也！”群臣或数黯，黯曰：“天子置公卿辅弼之臣，宁令从谀承意，陷主于不谊乎？且已在其位，纵爱身，奈辱朝廷何！”

这里可见汉武帝有怎样的性格，公孙弘为什么能得到汉武帝的喜欢，汲黯为什么一直不得意。而如何为人、为官，还是汲黯高明于公孙弘。王莽在许多地方是模仿汉武帝，汉武帝是处于文景之后，而王莽是处于元、成、哀、平之后。汉武帝是一个有雄才大略的帝王，他能放也能收，他处在文景之治的承平之后，而王莽所处的是积重难返的时代,乱了就很难收拾,结果是一败涂地。

为汉代儒术独尊奠定思想基础的不是公孙弘，而是董仲舒，公孙弘虽然在学术上没有什么成就，但是从行政系统上，为以儒生为主体的太常博士开辟了入仕的道路，为太常诸博士官分别置弟子五十人，“复其身，太常择民年十八以上仪状端正者，补博士弟子”。具体人选由地方官推荐到太常，“得受业如弟子，一岁皆辄课，能通一艺以上，补文学掌故缺；其高第可以为郎中，太常籍奏。即有秀才异等，辄以名闻”。“请选择其秩比二百石以上及吏百石通一艺以上补左右内史、大行卒史，比百石以下补郡太守卒史，皆各二人，边郡一人。先用诵多者，不足，择掌故以补中二千石属，文学掌故补郡属，备员。请著功令。它如律令。”（《汉书·儒林传》）这就为“学而优则仕”打开了一条通途，从组织结构上，保障了儒学在意识形态上占据主导地位。董仲舒的思想是天人合一，把儒学与阴阳五行结合起来，讲灾异，走的是儒学神学化的道路。班固为董仲舒立传，《汉书·董仲舒传》叙述其经历：“少治《春秋》，孝景时为博士。下帷讲诵，弟子传以久次相授业，或莫见其面。盖三年不窥园，其精如此。进退容止，非礼不行，学士皆师尊之。”《汉书·匈奴传》称董仲舒“亲见四世之事”，所谓四世，是高祖刘邦、吕后与惠帝、文帝、景帝。他传授的是《公羊春秋》，他曾经给汉武帝的太子刘据讲过《公羊春秋》，《汉书·儒林传》载其事云：

> 武帝时，江公与董仲舒并。仲舒通《五经》，能持论，善属文。江公呐于口，上使与仲舒议，不如仲舒。而丞相公孙弘本为公羊学，比辑其议，卒用董生。于是上因尊公羊家，诏太子受《公羊春秋》，由是《公羊》大兴。太子既通，复私问《穀梁》而善之。

汉武帝这次为太子选傅是竞争上岗，董仲舒拔了头筹，不久被公孙弘排挤，改任江都王相，江都王是汉武帝之兄刘非，在那儿董仲舒有一句名言：“正其谊不谋其利，明其道不计其功。”

这就是孔门儒家反复称道的以道义为主，不谋一时之功利，也就是孟子对梁惠王讲的义利之辨。也许正由于这一点，汉武帝喜欢学问不如他的公孙弘，而让他去做江都王之相。

在董仲舒身上的另一件大事，那就是汉武帝对他进行了三次策问，他与武帝对话的《天人三策》，使他拔得头筹。他从天人之间关系的角度来阐述现实的社会政治问题，转化为政策便是罢黜百家，独尊儒术。在对策中最后一段话，他说：

> 《春秋》大一统者，天地之常经，古今之通谊也。今师异道，人异论，百家殊方，指意不同，是以上亡以持一统；法制数变，下不知所守。臣愚以为诸不在六艺之科孔子之术者，皆绝其道，勿使并进。邪辟之说灭息，然后统纪可一而法度可明，民知所从矣。

从此，儒家学说便成为历朝历代的主流意识形态，这一点董仲舒起了重要的作用。当然，以儒学为主流意识形态，不可能废黜其他的非主流的意识形态之存在。另一方面，儒学作为主流意识形态，也非得根据形势的需要，吸收转化其他非主流意识形态的一部分，为其所用。所以历朝历代，在意识形态上仍然表现得变化多端，这一点古今皆如此。

董仲舒的主要著作是《春秋繁露》，在这本书中，他提出了天命观。《春秋繁露·为人者天》提出了天与人之间的关系，他说："天子受命于天，天下受命于天子，一国则受命于君。"就这样"奉天承运"便成了传统观念，每一个王朝都讲自己的统治是天命所归。实际上天命观是一把双刃剑，《尚书·汤誓》："有夏多罪，天命殛之。"《西伯戡黎》："我生不有名在天。"《诗经·大雅·文王》："文王在上，於昭于天，周虽旧邦，其命维新。"换句话说，天命不是固定的，而是会转移的，如果王者为政不善，起来反抗的也可以用天命作为号召，周是受命于天取代殷而有天下。《论语》也有"五十而知天命"的命题，把天命的观念突显，实际上把儒学神学化了。如果把它作为工具，大家都可以利用。董仲舒《春秋繁露》的八十二篇中，有许多有益的观念，但它神学的气味太浓，为了天人之间对应，它广泛引用了阴阳五行的学说，更为神学渗透儒学提供了理论根据。儒学神学化借天命观，通过谶纬的形式进行预言。汉昭帝时眭弘曾说："先师董仲舒有言，虽有继体守文之君，不害圣人之受命。"意思是说天命是在变化中。那时上林苑中"有虫食树叶成文字"，内容是"公孙病已立"，于是眭弘建议汉昭帝求索贤人，禅以帝位。这件事到了霍光那儿，认为这是妖言惑众，大逆不道，把眭弘抓来杀了。昭帝死了以后，先立昌邑王刘贺，因不道而废，又立宣帝，其小名为"病已"，便把眭弘的儿子招来为郎了。实际上这是巧合，眭弘本来是拍霍光马屁，认为可以让霍氏家族来取代汉室，霍氏没有这个意图，结果他反而丢了脑袋。王莽在平帝去世时，也有人上奏过符命，《汉书·王莽传上》载："是月，前辉光谢嚣奏武功长孟通浚井得白石，上圆下方，有丹书著石，文曰：'告安汉公莽为皇帝。'符命之起，自此始矣。"于是王莽由此成为摄皇帝，把武功县作为他的采地。这一类符命所演绎的预言，都是为了迎合当时统治者需要的一种以神学预言为形式的投机行为，言中了，顿时飞黄腾达，言不中，弄不好便丢脑袋。

董仲舒使儒学神学化的另一个办法是把灾异与人事对应起来。《汉书·五行志》中有不少把春秋时期灾异的记载与当时政治对应起来的内容，并借此言汉代的灾异与政事的关系。

《汉书·董仲舒传》提到辽东高庙及长陵高园殿灾这两件事，其云：

> 先是辽东高庙、长陵高园殿灾，仲舒居家推说其意，草稿未上，主父偃候仲舒，私见，嫉之，窃其书而奏焉。上召视诸儒，仲舒弟子吕步舒不知其师书，以为大愚。于是下仲舒吏，当死，诏赦之，仲舒遂不敢复言灾异。

辽东高庙，是因汉制在郡国设帝庙，文帝去世以后，在郡国能保留下来的是刘邦的高庙。高园便殿，是指刘邦陵寝上的便殿。陵上有正寝，以像逝者平生之正殿，便殿则为休息闲宴之处。这两处的火灾，作为灾异，儒生便要解释其所以然，并提出应对的措施。

《汉书·五行志》所载之董仲舒对这两处灾异的解释，是他的草稿，董仲舒并未上送给汉武帝，是主父偃偷去上告的，结果给董仲舒带来很大的麻烦，即因此下狱，差一点送命，所以他不敢再言灾异了。然而从董仲舒这份草稿可以看到以《公羊传》说灾异，无非是与春秋时各国的政事相对应，以鲁定公二年（前508年）五月两观灾，及哀公三年（前492年）五月桓宫、釐宫灾，以及四年（前491年）六月亳宫灾，所对应鲁国季氏执政的乱象，来说明辽东高庙及高园便殿火灾所显示人事上的矛盾和问题，建议汉武帝应对“亲戚贵属在诸侯远正最甚者，忍而诛之”，“近臣在国中处旁仄及贵而不正者，忍而诛之”（《汉书·五行志上》），认为辽东高庙及高园便殿火灾所显示的天意，是要武帝开杀戒。这当然是一件大事，虽然没有明言具体指称，但仍然会引起高层统治集团内部的震惊，所以吕步舒会“以为大愚”。这件事汉武帝没有追究，后来大臣田蚡及胶西于王、赵敬肃王等案件爆发，他才想到董仲舒这份草稿还是有道理，因而让董仲舒的弟子吕步舒去处理淮南王狱，并且以《春秋》之义来断狱。故灾异仍是后来儒生说事的根据，每逢有日食、月食、地震，以及天文星象上的各种怪异，便都有儒生借此来论述灾异背后的天意，《汉书·五行志》大部分内容都属于这方面的记载。这种建立在灾异基础上对现实政治问题的推论，当然不科学，然而古人对此却深信不疑，而且乐此不疲，上层集团内部发生矛盾斗争，便往往借此来说事。如成帝末绥和二年（前 7 年）二月，翟方进为相九年，星象上出现“荧惑守心”，荧惑即火星；心，指心宿，为二十八宿之东方七宿的第五宿，是说火星进入心宿的位置。李寻，《汉书》有传，他好言星历，以《尚书·洪范》说灾异，是翟方进任命他为吏的，后来他去巴结大司马王根，曾提到“五经六纬，尊术显士”，可见那时已有纬书。他还说：“夫士者，国家之大宝，功名之本也。将军一门九侯，二十朱轮，汉兴以来，臣子贵盛，未尝至此。夫物盛必衰，自然之理，唯有贤友强辅，庶几可以保身命，全子孙，安国家。”（《汉书·李寻传》）实际上这话是向王根邀赏识。这次火星守心宿，他认为是凶象，要有大臣尽节以转凶象，于是便找到翟方进。翟为相九年，多次加赋，大司马王根自危，所以加祸于翟方进。于是汉成帝赐册给翟方进说：“欲退君位，尚未忍。君其孰念详计，塞绝奸原，忧国如家。”换句话说，要他牺牲自己，来改变灾异，拯救王室，那就是逼他自杀了。翟方进便因此自尽，过了一个月，汉成帝自己也崩于未央宫。

汉代董仲舒以后讲灾异的，有夏侯始昌，拿《尚书·洪范》讲阴阳五行。宣帝、元帝时，有夏侯胜，也是借《洪范五行传》讲灾异。以后有京房治《易》，借着日食言政事。成帝与哀帝时，便是李寻在那儿讲灾异了，哀帝“虽不从寻言，然采其语，每有非常，辄问寻，寻对屡中，迁黄门侍郎，以寻言且有水灾，故拜寻为骑都尉，使护河堤。”（《汉书·李寻传》）对于这一群言灾异的人，《汉书》卷七十五《眭两夏侯京翼李传》的赞语有一段简明的叙述，其云：

> 汉兴推阴阳言灾异者，孝武时有董仲舒、夏侯始昌；昭、宣则眭孟、夏侯胜；元、成则京房、翼奉、刘向、谷永；哀、平则李寻、田终术。此其纳说时君著明者也。察其所言，仿佛一端。假经设谊，依托象类，或不免乎“亿则屡中”。仲舒下吏，夏侯囚执，眭孟诛戮，李寻流放，此学者之大戒也。京房区区，不量浅深，危言刺讥，构怨强臣，罪辜不旋踵，亦不密以失身，悲夫！

班固还是批评这批借灾异以言事的人，有的还是学者，如董仲舒、刘向，有的实际上是骗子，如夏侯胜、李寻之流，对其中不同人物要作具体分析，但这股思潮的本质是把儒学和神学结合起来，这与孔子不言鬼神和天命是相违背的，但它对后代影响还是很深远。王莽那个时候，完全继承了儒学神学化那个很不好的传统，但在王莽执政那会儿，为了适应他篡汉的需要，灾异变成了祥瑞。

祥瑞与灾异是一对孪生子，它适应了统治者不同情况下的不同需要，祥瑞在中国古代社会被认为是帝王依顺了天命，故天降符瑞以命之，因而又称瑞应、符应或瑞命。《易·系辞》：“河出图，洛出书，圣人则之。”这里的图与书便是后人借以记载符应的，而大量记载符命的则是谶纬这一类文书。谶是神的预言，谶书是占验吉凶的书。《说文》：“谶，验也，有徵验之书，河洛所出书曰谶。”《仓颉篇》：“谶书，河洛书也。”这一类东西在战国末秦汉之间便已出现了，都是当时人伪造的。如《史记·秦始皇本纪》讲到燕人卢生奏录图书曰：“亡秦者胡也。”这句话见于《易纬·通卦验》。秦始皇三十六年（前221年）有荧惑守心，有坠星下东郡，至地为石，黔首或刻其石曰：“始皇帝死而地分。”其他如“楚虽三户，亡秦必楚”“明年祖龙死”，这一类表述都属于谶言的范畴。顾炎武在《日知录》卷三十《图谶》讲：“谶记之典，实始于秦人，而盛于西京之末。”这些预言性的谶言，表面看起来“亿则屡中”，实际上并不科学，也不可靠，有时会有某种巧合罢了。而祥瑞则是用来证明帝王统治的“奉天承运”，王莽篡汉时，便用祥瑞来显示自己篡汉是天命所归。如《资治通鉴》记载，王莽初始元年（8年）时，便有广饶侯刘京上书言“天告帝符，献者封侯”，“梓潼人哀章，作铜匮，为两检，署其一曰：‘天帝行玺金匮图。’其二署曰：‘赤帝玺某传与皇帝莽金策书。’”某者，指刘邦，称王莽为真天子，于是王莽定国号为“新”。又有五威将军王奇等十二人班《符命》四十二篇于天下，《汉书·王莽传》称其文曰："帝天受命，必有德祥之符瑞，……肇命于新都（王莽始封为新都侯，国于南阳新野之都乡）。"其十二应瑞，一是武功丹石，二是三能文马，三以铁契，四以石龟，五以虞符，六以文圭，七以玄印，八以茂陵石书，九以玄龙石，十以神井，十一以大神石，十二以铜符帛图。这十二次符命都是诏告新皇帝王莽，应天命以接皇帝位，故祥瑞、符命是灾异说的另一个侧面。当王莽这个政权面临崩溃时，刘秀的力量兴起，那些方士又会造出另一类图谶，为其服务。光武帝刘秀兴起，便有图谶为其张目，如《河图赤伏符》云："刘秀发兵捕不道，四夷云集龙斗野，四七之际火为主。"四七之数为二十八，因汉高帝灭秦，至光武帝起兵，正好相差二二八年，故合于四七之数。刘秀同乡李守的儿子李通，他是王莽的宗卿师，造了一条"汉当复兴，李氏为辅"的谶言，而李通便用这一条谶言动员刘秀起兵（见《后汉纪》卷一）。符命与图谶二者都是适应统治者的需要，都是儒学神学化的一种表现，而儒学实际上是为美饰这些神学迷信服务的。

从西汉的哀、平到王莽，以及东汉初期，正是图谶大发展的时期，也是社会神学迷信比较盛行的时期，而这些神学迷信便借儒学而流行。王莽曾召集大批通晓"天文图谶"的方士"记说廷中"（《汉书·王莽传上》），这是谶纬书大规模的结集。零星的谶语在民间早已流传，但把它集结起来，编成《易纬》《诗纬》《书纬》《礼纬》《春秋纬》，应始于王莽这个时代。东汉光武帝即位以后，也非常崇信谶纬，他在中元元年（56年）“初起明堂、灵台、辟雍及北郊兆域，宣布图谶于天下”（《后汉书·光武帝纪下》）。东汉章帝时，在白虎观讨论《五经》异同，后来班固写的《白虎通》便有灾变与符瑞之应的专节，而且还引用了谶纬的内容。关于灾变，首句即言：“天所以有灾变何？所以谴告人君，觉悟其行，欲令悔过修德，深思虑也。”符瑞的首句云：“符瑞所以来至者，以为王者承天统理，调和阴阳。”《白虎通》在这两节便引用了当时流行的谶纬图录之议论，可见儒学神学化这股思潮，从西汉后期到东汉风靡于世，而以王莽到光武之际最为盛行。这些东西既为王莽篡汉制造了舆论，又为王莽灭亡、光武兴起提供了思想依据。

七、刘向、刘歆与古文学派的兴起

从思想渊源上讲，元、成、哀、平之际，影响大的还是刘向，他在成帝即位以后，“领校中《五经》秘书。向见《尚书·洪范》，箕子为武王陈五行阴阳休咎之应。向乃集合上古以来历春秋六国至秦、汉符瑞灾异之记，推迹行事，连传祸福，著其占验，比类相从，各有条目，凡十一篇，号曰《洪范五行传论》，奏之”。刘向这本书后来成为儒生讲符瑞灾异的根据了，如夏侯胜便是依“《尚书》及《洪范五行传》说灾异”（《汉书·夏侯胜传》）。这里要说明一下，刘向领校《五经》秘书，所依据的古文《尚书》来源于曲阜孔壁的藏书，这件事《汉书·艺文志》称：“武帝末，鲁共王坏孔子宅，欲以广其宫，而得古文《尚书》及《礼记》《论语》《孝经》凡数十篇，皆古字也。”《汉书·儒林传·孔安国传》记其事云：“孔氏有古文《尚书》，孔安国以今文字读之，因以起其家逸《书》，得十余篇。”“司马迁亦从安国问故。迁书载《尧典》《禹贡》《洪范》《微子》《金縢》诸篇，多古文说。”

故两汉经学有今古文之说，今文以隶书书写，古文以籀书书写，籀书的文字在汉代已不流行，所以称之为古文。正如今人对隶书、篆书不能皆识，后来的今文学家认为古文都是伪书，如康有为的《新学伪经考》，事实上并不尽然。客观地说，刘向及刘歆父子俩整理的古文典籍，不能都说是伪书。当时刘向除了治古文《尚书》外，还治《易》，他的大儿子刘伋，则是“以《易》教授”，他的少子刘歆亦治《易》，后来刘歆亦校秘书，见古文《春秋左氏传》。到平帝时，在刘歆建议下，太常博士中增立《左传》《毛诗》《逸礼》和古文《尚书》，加上宣帝时所立的《大小夏侯尚书》、大小《戴礼》，施、孟、梁丘的《易》《穀梁春秋》，元帝时立的《京氏易》，儒家的经典到这个时候在太常博士中比较完整了。王莽时期，刘歆为国师，那时推崇的儒家经典，当然包括古文方面的内容。

八、元、成、哀、平时期官僚机构的状况和变化

汉代官僚的出身，无非是两类，一类出身于文法吏，一类出身于儒生，汉代传统的办法是这两类人都用。汉宣帝用人偏于文法吏，元帝喜欢儒生，为此，宣帝对汉元帝说："汉家自有制度，本以霸王道杂之，奈何纯任德教，用周政乎！且俗儒不达时宜，好是古非今，使人眩于名实，不知所守，何足委任！"所以讲："乱我家者，太子也！"这段话见于《汉书·元帝纪》，说明汉代用人是儒表法里。汉武帝尽管用公孙弘，重视董仲舒的儒术，但他真正用来办事的人都是文法吏出身的酷吏，如张汤、杜周这一类官僚。元帝以后，则逐渐倾向于以儒生为主了。然而，元帝实际使用的还是弘恭、石显这类宦官，到了成帝开始是外戚掌权了。

汉代的官僚制度，本来承袭秦制，设丞相与御史大夫以理朝政。汉代大司马一职，武帝以后一直是外戚担任，汉武帝以卫青为大司马大将军，霍去病为大司马骠骑将军，其弟霍光以大司马大将军受遗诏辅政，军政在大司马，丞相不参与兵事，从此大司

马成为外戚辅政之职。成帝末，想设三公，改御史大夫为大司空，使丞相、大司马、大司空为三公，哀帝时又以丞相为大司徒。成帝时为大司马的是王凤，前后辅政十一年，接着是王音，辅政八年，然后是王商，辅政四年。在哀帝时，中间以佞幸董贤为大司马，平帝时则以王莽为大司马。而宰相皆以儒生为之，汉武帝时以儒生公孙弘为相，其后为丞相者，如蔡义、韦贤、玄成、匡衡、张禹、翟方进、孔光、平当、马宫等，都是以儒宗居宰相位。这些儒生出身的宰相一个共同的特点是“持禄保位，被阿谀之讥”，都视外戚的颜色行事，是拍皇帝马屁的人。也有少数是文法吏出身，如薛宣和朱博，史称薛宣“为吏赏罚明，用法平而必行，所居皆有条教可纪，多仁恕爱利”，后任御史大夫，不久代张禹为丞相，然而“天子好儒雅，宣经术又浅，上亦轻焉”（《汉书·薛宣传》），最终被册免。朱博，亭长出身，王凤执政时，由陈咸推荐为大司马王凤之幕府属吏，历任地方刺史，后超迁为大司空，他建议恢复御史大夫，哀帝同意，任他为御史大夫，一度代孔光为丞相。史称：“博为人廉俭，不好酒色游宴。自微贱至富贵，食不重味，案上不过三杯，夜寝早起，妻希见其面。有一女，无男。然好乐士大夫，为郡守九卿，宾客满门。”他为傅太后家得罪了哀帝，结果是下狱自杀。

尽管宰相大都出身于儒生，满口讲的是仁义道德，在为官上，大都还是贪得无厌。如匡衡，当初封国在僮之乐安乡，有土地三千一百顷，南边以闽佰为界，绘图时，误以闽佰为平陵佰，多占了四百顷土地。十多年以后，他又把乐安乡南界划到平陵佰，这样做多收田租谷千余石，下属收还匡衡家。这件事被司隶校尉揭发了，说他“专地盗土自益”，为此匡衡被免为庶人。又如张禹，成帝时为相六年，史称其“为人谨厚”，“内殖货财，家以田为业，及富贵，多买田至四百顷，皆泾、渭灌溉，极膏腴上贾。它财物称是。禹性习知音声，内奢淫，身居大第，后堂理丝竹管弦”（《汉书·张禹传》）。如张禹这样正规儒师出身，如此兼并农民的土地，而且是有河水灌溉的好地，四百顷相当于孔光建议限民名田的田额之十三倍。他们在生活上都非常奢侈，张禹喜欢少府戴崇，“禹将崇入后堂饮食，妇女相对，优人管弦铿锵极乐，昏夜乃罢”（《汉书·张禹传》）。如果薛宣来看他，“禹见之于便坐，讲论经义，日晏赐食，不过一肉卮酒相对。宣未尝得至后堂。”亦可见这些高官，都虚伪得很。“禹年老，自治冢茔，起祠室，好平陵肥牛亭部处地，又近延陵，奏请求之，上以赐禹，诏令平陵徙亭它所。”（《汉书·张禹传》）再说孔光，是孔子的十四世孙，这个人两次为御史大夫和丞相，先后为大司徒、太傅、太师，历成、哀、平三世，居公辅位前后十七年，明人王夫之称孔光为无耻之徒，而且非常虚伪，他陷害别人于死地，而对方毫不知情。如他陷害王嘉，“王嘉濒死，犹对狱吏曰：‘贤孔光而不能进。’亦恶知光之谮其迷国罔上，陷嘉于死，机深不测也哉？……拜谒迎送、执臣主之礼于董贤者，光也；莽既乘权，去贤如敝屣者，光也；拱手以天下授之贼臣，幸早死而不与佐命之赏者，光也；莽既诛，犹无有声言其恶以殄其世者，光也。呜呼！人苟自尽丧其耻，则弑父与君而罪不及，亦险矣哉！”（王夫之《读通鉴论》卷五，哀帝）如孔光这样前后居公辅位十七年，国怎能不危呢?

当然，在成、哀之际，汉代的官僚队伍并非没有一个好人。成帝时，取代平当为丞相的王嘉就是一位独立支撑危局的人物。他曾被成帝召见宣室，讨论政事得失。史称其刚直严毅有威重，哀帝即位时，在如何用人问题上，王嘉提了一些比较积极的意见。史载其言云：“今之郡守重于古诸侯，往者致选贤材，贤材难得，拔擢可用者，或起于囚徒。”（《汉书·王嘉传》）他列举了文帝、武帝、宣帝用人的案例，说明人才不易得，不要纠缠于过去历史上的恩怨。他还强调吏要久居其位，任期太短的结果是大家忙于送故迎新，“中材苟容求全，下材怀危内顾，一切营私者多”。他建议哀帝，“留神于择贤，记善忘过，容忍臣子，勿责以备”。“人情不能不有过差，宜可阔略，令尽力者有所劝。此方今急务，国家之利也。”他还说：“今诸大夫有材能者甚少，宜豫蓄养可成就者，则士赴难不爱其死。临事仓卒乃求，非所以明朝廷也。”（《汉书·王嘉传》）他对皇帝敢于直言谏诤，批评成帝“女宠专爱，耽于酒色，损德伤年”，因批评哀帝对董贤的偏爱和宠信而下狱，“嘉系狱二十余日，不食欧血而死”（《汉书·王嘉传》）。

好人在那个荒唐的时代留不住啊！那时上层官僚班子如此状况，王莽篡汉就不可能有任何障碍了，成、哀之际汉之衰亡也到了无可挽回的地步。问题是王莽得到的是一个烂摊子，自上到下矛盾都非常尖锐，官僚机构处于半瘫痪和无能的状态，社会问题凸显，特别是土地问题，由于豪强的大肆兼并，早已处于富者田连阡陌、贫者无立锥之地的状态，各种社会矛盾一触即发。而王莽则为了达到篡夺政权的目的，又忙着做出歌舞升平的种种假象，以便于自己改汉为新。在这种情况下，王莽也不得不采取某些改革的措施，而他的这些改革都是模仿古制，从儒家经典出发，采取复古倒退的路子，这又决定了他的改革必然以失败为结局。

九、王莽的改制之一——关于土地制度的变革

汉哀帝即位以后，汉廷中枢有一个变化，让师丹代替王莽为大司马，以师傅的身份居三公位，夺了王氏的权力。那时王莽就国，离开京师，去南阳之新都，中枢短期由师丹执政。师丹是琅邪东武人，治《诗经》，是匡衡的学生，成帝末为皇太子的太子太傅，哀帝即位以后，他便接替王莽为大司马，封高乐侯，月余，徙为大司空。这个人在哀帝即位时提过一个建议，那就是限民名田，调整过于集中的土地关系。《汉书·食货志上》云：

> 哀帝即位，师丹辅政，建言："古之圣王莫不设井田，然后治乃可平。孝文皇帝承亡周乱秦兵革之后，天下空虚，故务劝农桑，帅以节俭。民始充实，未有并兼之害，故不为民田及奴婢为限。今累世承平，豪富吏民訾数巨万，而贫弱俞困。盖君子为政，贵因循而重改作，然所以有改者，将以救急也。亦未可详，宜略为限。"天子

下其议。丞相孔光、大司空何武奏请："诸侯王、列侯皆得名田国中。列侯在长安，公主名田县道，及关内侯、吏民名田，皆毋过三十顷。诸侯王奴婢二百人，列侯、公主百人，关内侯、吏民三十人。期尽三年，犯者没入官。"

师丹这个建议的提出，是在汉末土地兼并情况已非常严重之时，大量兼并土地的往往是大官僚大贵族，比如前面讲到的匡衡、张禹、孔光，都是带头兼并土地的主儿。还有就是那些外戚，比如王家，他们一家有十个人封侯，侯国所在地皆有封邑，故他们也是兼并土地的大官僚地主。他们不仅自己在封地兼并民田，还侵占皇室的土地。《汉书·元后传》叙述王家的情况云：

五侯群弟，争为奢侈，赂遗珍宝，四面而至；后庭姬妾，各数十人，僮奴以千百数，罗钟磬，舞郑女，作倡优，狗马驰逐；大治第室，起土山渐台，洞门高廊阁道，连属弥望。百姓歌之曰："五侯初起，曲阳最怒，坏决高都，连竟外杜，土山渐台西白虎。"其奢僭如此。

又言：

成都侯商尝病，欲避暑，从上借明光宫，后又穿长安城，引内澧水注第中大陂以行船，立羽盖，张周帷，辑濯越歌。上（指成帝）幸商第，见穿城引水，意恨，内衔之，未言。后微行出，过曲阳侯（王根）第，又见园中土山渐台似类白虎殿。于是上怒，以让车骑将军（王）音。

这些记载描述的都是汉成帝时，王家穷奢极侈的生活状态，这都来自他们兼并土地所得和国家的赋税，所以哀帝即位以后，为了稳定政局，缩小贫富差距，才会提出限民名田的建议。这个建议当然影响到权贵们的既得利益，当这个建议颁布时，“田宅奴婢贾为减贱”（《汉书·食货志上》）。然而新的权贵上来以后，“丁、傅（二家外戚）用事，董贤隆贵，皆不便也，诏书且须后，遂寝不行”（《汉书·食货志上》）。所以这条政治建议根本无法付诸实施。这条建议的开头也是错误的，认为“古之圣王莫不设井田，然后治乃可平”（《汉书·食货志上》）。实际上这是束缚生产力的，完全是历史的倒退，不是向前看，是儒家复古倒退的惯常思维。哀帝一死，董贤穷奢极侈的生活又暴露在人们面前，当时没其财物入官，“长安中小民讙哗，乡其弟哭，几（冀）获盗之”，到董贤的住所致哀是假，目的是盗其财物，最终“县官斥卖董氏财凡四十三万万”（《汉书·佞幸传·董贤》）。故王莽在哀帝去世以后，重新接受权力时，拿董贤开刀，于是得到了进行利益再分配的机会。他发表了重新调整土地关系的告示，《汉书·王莽传中》载其言云：

古者，设庐井八家，一夫一妇田百亩，什一而税，则国给民富而颂声作。此唐、虞之道，三代所遵行也。秦为无道，厚赋税以自供奉，罢(疲)民力以极欲，坏圣制，废井田，是以兼并起，贪鄙生，强者规田以千数，弱者曾无立锥之居。又置奴婢之市，与牛马同栏，制于民臣，颛断其命。奸虐之人因缘为利，至略卖人妻子，逆天心，悖人伦，缪于“天地之性人为贵”之义。《书》曰“予则奴戮女”，唯不用命者，然后被此辜矣。汉氏减轻田租，三十而税一，常有更赋，罢(疲)癃咸出，而豪民侵陵，分田劫假。厥名三十税一，实什税五也。父子夫妇终年耕芸，所得不足以自存。故富者犬马余菽粟，骄而为邪；贫者不厌糟糠，穷而为奸。俱陷于辜，刑用不错。予前在大麓，始令天下公田口井，时则有嘉禾之祥，遭反虏逆贼且止。今更名天下田曰“王田”，奴婢曰“私属”，皆不得卖买。其男口不盈八，而田过一井者，分余田予九族邻里乡党。故无田，今当受田者，如制度。敢有非井田圣制，无法惑众者，投诸四裔，以御魑魅，如皇始祖考虞帝故事。

这是一条复古式的改制，也是本本主义的典型案例，尽管他也说了一些当时社会矛盾的实际状况，如“兼并起，贪鄙生，强者规田以千数，弱者曾无立锥之居”，这讲的是土地问题，这种说法与董仲舒讲的“富者田连阡陌，贫者无立锥之地”，其本质上是一致的，这大概是西汉中后期土地关系的基本状态。在这种情况下，“豪民侵陵，分田劫假。厥名三十税一，实什税五也。父子夫妇终年耕芸，所得不足以自存。故富者犬马余菽粟，骄而为邪；贫者不厌糟糠，穷而为奸。俱陷于辜，刑用不错”，换成现代话说，就是名义上免了农业税，而农民实际负担仍很重，富者骄而横，贪得无厌，贫者糟糠不厌。贫富两极分化，导致社会治安问题严重，穷的被迫为奸、为盗，结果陷于刑罪，社会动荡不安。这是王莽接手王权以后所面临社会矛盾的实际状况。另一种状态是人的生存状态，奴婢制度普及以后，人的身份地位发生了变化，故其又云：“又置奴婢之市，与牛马同栏，制于民臣，颛断其命。奸虐之人因缘为利，至略卖人妻子。”那就是贩卖妇女和儿童，这种现象现在也有，不过不受法律保护。王莽指斥这种贩卖人口的现象为“逆天心，悖人伦，缪于‘天地之性人为贵’之义”，这是王莽在申斥奴婢制度不合道义。然而实际上拥有上千奴婢者，皆为贵戚高官，若王氏五侯之家便有“僮奴千百数”。

面对这么多社会矛盾，王莽怎么办呢？王莽不是向前看，去处理这些矛盾，而是向后看，那就是他所谓：“更名天下田曰‘王田’，奴婢曰‘私属’，皆不得卖买。其男口不盈八，而田过一井者，分余田予九族邻里乡党。故无田，今当受田者，如制度。”更名天下田为王田，换句话说，便是土地国有化。接下来是按劳动力再分配土地，一个男劳动力不能超一井，占地超过一井的，把土地分配给乡邻九族。做的是土地再分配的事，他也想搞一次土改，把土地还给耕者。这要有一支队伍去进行操作，而操作也应有一个程序。王莽没有这些条件，仅凭一纸空文，怎么可能改变现有的土地关系呢？他还说了“敢有非井田圣制，无法惑众者，投诸四裔，以御魑魅”，这个也要有人去施行，这里牵涉的不仅是个别权贵，更是整个地主阶级，涉及整个土地制度，没有人去具体操作，不仅不可能实施，还会在社会上增加不少混乱。王莽这一纸诏令看起来决心很大，实际上只是说空话，同时在地方上也引起了很大的混乱。《汉书·食货志上》记载，这条命令下达以后，“犯令，法至死，制度又不定，吏缘为奸，天下謷謷然，陷刑者众”。即由于制度条文不具体，缺少实施的细则，到了下面又发生变化，反而成为地方官因缘为奸的一种手段和机会，从而乱上加乱了。经过三年，王莽知道此路不通，故再下令废除前面的规定。《汉书·食货志上》载其事云：

莽知民愁，下诏诸食王田及私属皆得卖买，勿拘以法。然刑罚深刻，它政悖乱。边兵二十余万人仰县官衣食，用度不足，数横赋敛，民俞贫困。常苦枯旱，亡有平岁，谷贾翔贵。

《汉书·王莽传中》载：“（王莽）知民怨，乃下书曰：‘诸名食王田，皆得卖之，勿拘以法。犯私买卖庶人者，且一切勿治。’”结果是废除井田制，土地重新实现私有化，可以自由买卖了，不仅土地可以买卖，连人口也允许买卖了。当时边疆有二十万人的边防军靠政府供给，财政发生困难，只能重走横征暴敛的老路，结果农业生产更加凋敝，粮价上涨，民不堪命。王莽这次土地国有化的改革以失败告终，农业生产继续凋敝，于是盗贼群起。这就是王莽土地改革失败的历史过程。

十、王莽的改制之二——关于官制的改革

汉平帝元始四年（公元4年），王莽依照儒家经典，开始“起明堂、辟雍、灵台，为学者筑舍万区，作市，常满仓，制度甚盛”（《汉书·王莽传上》）。这实际上是依儒家经典搞形式主义那一套东西，目的是笼络儒生，为自己歌功颂德。接下来是立《乐经》，增加诸经的博士员，每经五人，儒生获利，当然拥戴王莽。他还“征天下通一艺教授十一人以上，及有逸《礼》、古《书》、《毛诗》、《周官》、《尔雅》、天文、图谶、钟律、月令、兵法、《史篇》文字，通知其意者，皆诣公车。网罗天下异能之士，至者前后千数，皆令记说廷中，将令正乖缪，壹异说云。”（《汉书·王莽传上》）这里面如逸《礼》、古文《尚书》、《毛诗》、《周官》、《尔雅》这一类都是刘向、刘歆校秘书时整理出来的古代儒家经典，而天文历算和图谶那时都是被人们用来搞神秘主义预言的东西，王莽把与这些东西相关的儒生都集中起来，为自己造声势。于是群臣都来为王莽歌功颂德了，说：“明堂、辟雍，

堕废千载莫能兴。”（《汉书·王莽传上》）王莽这个安汉公能把传说中周公的那套东西恢复起来，那真是“功德灿然”，于是一大群人，据说有487 572人上书，要求加赏于安汉公王莽。王莽就是靠搞形式主义这套东西拉拢儒生，然后又通过他们制造舆论，把自己抬高到神圣的地位。所以形式主义这套东西，最易迷惑群众，从而自欺欺人。王夫之在《读通鉴论》卷五时，对这一套东西斥之为伪，他说：

> 当伪之初起也，匡衡、贡禹不度德，不相时，舍本逐末，兴明堂辟雍，仿周官饰学校于衰淫之世；孔光继起为伪之魁，而刘歆诸人鼓吹以播其淫响。而且经术之变，溢为五行灾祥之说；（阴）阳九百六之数，易姓受命之符，甘忠可虽死而言传，天下翕然信天命而废人事，乃至走传王母之筹而禁不能止。故莽可以白雉、黄龙、哀章铜匮惑天下，而愚民畏天以媚莽。则刘向实为之俑，而京房、李寻益导之以浸灌人心，使疾化于妖也。

这里告诉我们，从本本出发，搞形式主义，发动群众起哄，于是把人神化，这是小人儒搞的儒学神化的东西，王夫之说“儒而小人，则天下无君子”，“小人而儒，则有所缘饰以无忌惮，故孔光诸奸施施于明堂、辟雍之上而不惭”。实际上是把儒学淫于异端，变成巫史了。在这种氛围下，王莽也忘乎所以，以孔子、周公自拟，“愚昧以为万世笑而不疑”。回顾自身的经历，林彪、叶群在部队搞形式主义那套东西，很容易被社会和一般群众接受而推广，迷恋于这套东西的结果是害人害己，王莽之失，可谓前车之鉴。王夫之引《传》曰：“国有道，听于人；国无道，听于神。”在意识形态领域，信仰这个东西，包括宗教，一旦进入旁门邪道，那可害国害己，在那种场合，人往往会“迷于恍惚有无之中以自乱”。

元始五年（5 年），平帝驾崩，立汉宣帝的玄孙——只有两岁的刘婴为孺子即皇太子位，由王莽居摄，王莽朝见太后时，称假皇帝。过了三年，王莽即天子位，定国号为新，于是又改正朔，易服色，变牺牲，殊徽帜，异器制，改元为始建国元年。把孺子封为定安公，安置在定安公第，“敕阿乳母不得与语，常在四壁中，至于长大，不能名六畜”（《汉书 · 王莽传中》），那就把这个只有四五岁的小孩子变成白痴了。接着，他就改变原来汉代职官的名称了，《汉书 · 王莽传中》云：

> 置大司马司允，大司徒司直，大司空司若，位皆孤卿。更名大司农曰羲和，后更为纳言，大理曰作士，太常曰秩宗，大鸿胪曰典乐，少府曰共工，水衡都尉曰予虞，与三公司卿凡九卿，分属三公。每一卿置大夫三人，

一大夫置元士三人，凡二十七大夫，八十一元士，分主中都官诸职。更名光禄勋曰司中，太仆曰太御，卫尉曰太卫，执金吾曰奋武，中尉曰军正，又置大赘官，主乘舆服御物，后又典兵秩，位皆上卿，号曰六监。改郡太守曰大尹，都尉曰太尉，县令长曰宰，御史曰执法，公车司马曰王路四门，长乐宫曰常乐室，未央宫曰寿成室，前殿曰王路堂，长安曰常安。更名秩百石曰庶士，三百石曰下士，四百石曰中士，五百石曰命士，六百石曰元士，千石曰下大夫，比二千石曰中大夫，二千石曰上大夫，中二千石曰卿。车服黻冕，各有差品。又置司恭、司徒、司明、司聪、司中大夫及诵诗工、彻膳宰，以司过。

这一系列从上到下职官名称的变更，并不改变官僚机构的架构，没有太大的实际意义，一些名称长期以来为人所习惯使用，一下子完全改名，实际上人们很难接受，在使用新名的过程中必然出现许多问题。或者新名与旧名并用，否则单用新名，便不知所云。这种变更的矛盾，在地名改易上，就显得更加突出了。而且下达的公文，也往往是新名与旧名并列，否则就无法理解和付诸实行。《汉书·王莽传中》还有一段关于更改地名的叙述，其云：

莽以《周官》《王制》之文，置卒正、连率、大尹，职如太守；属令、属长，职如都尉。置州牧、部监二十五人，见礼如三公。监位上大夫，各主五郡。公氏作牧，侯氏卒正，伯氏连率，子氏属令，男氏属长，皆世其官。其无爵者为尹。分长安城旁六乡，置帅各一人。分三辅为六尉郡，河东、河内、弘农、河南、颍川、南阳为六队郡，置大夫，职如太守；属正，职如都尉。更名河南大尹曰保忠信卿。益河南属县满三十。置六郊州长各一人，人主五县。及它官名悉改。大郡至分为五。郡县以亭为名者三百六十，以应符命文也。缘边又置竟尉，以男为之。诸侯国闲田，为黜陟增减云。莽下书曰："常安西都曰六乡，众县曰六尉。义阳东都曰六州，众县曰六队。粟米之内曰内郡，其外曰近郡。有鄣徼者曰边郡。合百二十有五郡。九州之内，县二千二百有三。公作甸服，是为惟城；诸在侯服，是为惟宁；在采、任诸侯，是为惟翰；在宾服，是为惟屏；在揆文教，奋武卫，是为惟垣；在九州之外，是为惟藩：各以其方为称，总为万国焉。"其后，岁复变更，一郡至五易名，而还复其故。吏民不能纪，每下诏书，辄系其故名，曰："制诏陈留大尹、太尉：其以益岁以南付新平。新平，故淮阳。以雍丘以东付陈定。陈定，故梁郡。以封丘以东付治亭。治亭，故东郡。以陈留以西付祈隧。祈隧，故荥阳。陈留已无复有郡矣。大尹、太尉，皆诣行在所。”其号令变易，皆此类也。

地名这样的变更，要人们接受和记忆有困难，所以下达公文只能新旧地名并列，才能使人知道公文涉及什么地点，以及相关的内容。一个地区的区划任意变化，往往给当地的管理带来很多不便，原来的区划经历相当长时间以后，有它自然和社会的联系，这些联系不是可以随便更改的，即使更改也要经过很长的时间人们才能接受。这种任意更改地名官名的做法，我们在“文革”时期都曾经碰到过，红卫兵上街“破四旧”时，随意更改路牌的名称，但不久都恢复原样了，他们更改的名称反映了他们思想上的幼稚。许多事物的变化和改革不在于它名称的变更，名实要一致，有时候一个名称用习惯了，要改就很难，实际上王莽更改的名称，到后来几乎都恢复原名了。事物不发生实际的变化，仅改一个名称，不可能有多大作用，也维持不久，名实的关系，关键还是实，也就是存在的状况，以及人们长期记忆的符号。

王莽这样为了符合《六经》之说随意改变制度，必然在管理上误事，《汉书·王莽传中》称：

(王莽) 好变改制度，政令烦多，当奉行者，辄质问乃以从事，前后相乘，愦眊不渫。莽常御灯火至明，犹不能胜。尚书因是为奸寝事，上书待报者连年不得去，拘系郡县者逢赦而后出，卫卒不交代三岁矣。谷常贵，边兵二十余万人仰衣食，县官愁苦。五原、代郡尤被其毒，起为盗贼，数千人为辈，转入旁郡。莽遣捕盗将军孔仁将兵与郡县合击，岁余乃定，边郡亦略将尽。

由于改变制度和名称，势必影响效率，本来是等因奉此，比较简单的照章办事，现在也要仔细审问后才能处置，这样的事情前后相接，不弄清楚不能结案，结果把王莽自己给弄苦了，挑灯夜战到天明，还是批不完的公文。许多事被积压以后，尚书可以利用这个机会作奸肇事。那些上报的问题累年得不到及时处理，来上报的人在京师连年不得回去，各个机构之间的相互关系脱节了，工作势必被耽误，矛盾尖锐化，社会产生动荡的现象，案子没有办法及时了结，冤情不能及时申明，县官缺位，往往数年得不到更替，那么全方位的贪腐现象也就自然发生了。在郡县被拘系的犯人，本来应该逢赦出狱的犯人，由于看守的卫卒三年没有交班，因而无人去具体处理。边防上的许多事，由于得不到及时处理，边兵二十多万人的给养发生困难，有的士卒因不能及时得到给养而被迫起来造反，动不动就有上千人结集在一起为盗，而且流窜各地，新莽朝廷派人与当地官府结合进行清剿，事变是平定下去了，但是边防的防务亦垮掉了。所以名称和制度的变易不能太频繁，变多了，反而会带来许多新的矛盾和问题。

如果这个名称的更改，在权力职责范围之内，那还不至于引起太大的纠纷，只是在工作关系上引起一些混乱罢了。如果名称更改，涉及外部的相互关系，别人不接受，那就会带来麻烦了。王莽改名，改到匈奴那儿，人家不接受，所带来的问题和冲突影响就大了。王莽变更官名时，把原来的诸侯王皆称公，四夷称王者，皆更为侯。王莽派五威将军王奇等十二人班《符命》四十二篇于天下，带了新莽的印绶赴全国各地，对王侯及以下各级官吏更名的，都给新的印绶，收缴原来汉的印绶，同时大赦天下。但这件事在匈奴和西域那儿发生麻烦了，当时五威将乘乾文车，驾坤六马，四出颁布王莽的符命。如南出的经过益州，贬句町王为侯。北出到匈奴的，至匈奴庭，改汉印的文字，把原来的“匈奴单于玺”改为“新匈奴单于章”，结果引起匈奴单于的疑惑。他们接受了新的单于印章，又要求归还汉颁发的故印，使节把旧印给砸了。这样便引起匈奴单于的不满，不断要求归还旧章，王莽拿不出来，匈奴便骚扰边境。边境官员陈良、终带等叛变，投奔南匈奴，南匈奴接纳了他们。于是王莽拜十二部将率，发郡国勇士、武库精兵三十万之众，带了三百日粮草，同时分十道出发，穷追匈奴，分匈奴为十五部，立十五人为匈奴单于。这一次无端进兵，使天下为之骚动。当时严尤曾向王莽谏诤，他分析了当时的形势：这样出兵，给养无法保证，运输有许多困难，持久的消耗，国力无法维持，整个军队为保障给养的辎重队伍多，前方能作战的精锐部队少，很难速战速决。严尤认为“如此大用民力，功不可必”，结果只能是得不偿失。《汉书·匈奴传下》云：

> 初，北边自宣帝以来，数世不见烟火之警，人民炽盛，牛马布野。及莽挠乱匈奴，与之构难，边民死亡系获，又十二部兵久屯而不出，吏士罢（疲）弊，数年之间，北边虚空，野有暴骨矣。

王莽在处理匈奴换印的问题上，政策错误造成的后果是，不仅边境不能安定，而且中原百姓不得安居，动员那么一支庞大的军队停留在边境上，给养的供给势必加重财政上的负担，横征暴敛直接加速社会的动荡不宁。形式主义的官制变革所造成的矛盾，在如何处理匈奴的问题上集中爆发出来，它是导致王莽统治崩溃的一个触发点。

十一、王莽的改制之三——关于货币改制及其失败

王莽在田制问题上的变革，尽管是复古的东西，却把矛盾归因于商鞅废井田开阡陌，这一点也是错误的，但他提出的“王田”和“私属”的政策法令，其矛头还是指向当时土地兼并和私人大量蓄养奴婢的社会问题。尽管如师丹提出的“限民名田”一样，很难得到真正的贯彻实施，但其出发点还值得人们同情。他对货币制度的改革，则是为了应付对内对外浩大开支所造成的财政拮据，他的货币改革纯粹是为了搜括民财，以小换大，以轻代重，发行贬值的货币。这在形式上也是一种复古倒退的表现，结果引起恶性通货膨胀，搅乱了市场，搞乱了社会秩序，这也是导致王莽失败的重要原因。类似的情况，如汉武帝也因穷兵黩武带来财政危机，想在货币发行权的垄断上搜括民财，他也失败了，但他能及时改正自己的错误，才解决了他晚年所面临的社会危机。历史反复地证明，任何统治者，妄想借助于垄断货币发行权，无休止地发行货币，通过通货膨胀来缓和自己的财政危机，最终都是

失败的。在中国历史上，历朝历代都想发行大钱，但是没有一个成功的，国民党从大陆撤退时，上演了发行金圆券的闹剧，最终还是自吞苦果。中国的历史经验是如此，外国也不例外，量化宽松的货币政策，不过是慢性毒药罢了，因为量化的度很难控制，它如吸毒那样，毒瘾只会越来越大。历史的经验告诉我们，千万不能出此下策，这一点迄今为止，对我们还是有意义的。由秦汉之间的货币制度和汉武帝币制改革失败的状况，可知王莽的币制改革不过是重复同样的错误，它的后果比汉武帝的币制改革严重，导致了王莽新朝统治的崩溃。历史的经验告诉我们，决不能以币制改革的名义来搞恶性通货膨胀，真正的币制改革只能是采取有效措施结束恶性通货膨胀。

中国古代的重量单位，是二十四铢为一两，十六两为一斤，三十斤为一钧，四钧为一石。使用的货币是铜钱，秦始皇统一六国以后，用秦国的半两钱统一全国的货币。半两法定的重量是十二铢，相当于现在的八克左右，它比较厚重，钱上的文字比较古朴，钱的形制是内方外圆，所以称之为孔方钱。秦不允许私铸，但秦末私铸的小钱比较多。汉初开放铸钱之禁，当时铜钱的重量只有三铢左右，用来抵秦的半两，因而被称为荚钱，其形状相当于四片榆荚，这是私铸偷工减料的结果。吕后时官铸八铢钱，字面是半两，重量是八铢。汉文帝时行四铢钱，仍称半两，号称法钱。汉武帝时，由于恶钱泛滥，曾经发行过三铢钱、四铢钱，到元狩五年（前 118 年）时，发行五铢钱，重量和文字都是五铢。民间使用的有轻钱与重钱两种，重钱是秦的半两，十二铢重，轻钱是荚钱，三铢或四铢。各个地方使用的钱品也不一致，如果用轻钱，称分量每百钱加若干；使用重钱，秤称反而不受，而法钱不能通行。故贾谊说：“法钱不立，吏急而壹之虖，则大为烦苛，而力不能胜；纵而弗呵虖，则市肆异用，钱文大乱。”（《汉书·食货志下》）所以如何统一币制始终是一个问题，最终是稳定在五铢钱上，面值与钱的重量一致。问题是汉武帝北伐匈奴，在财政上出现困难，于是汉武帝与公卿商议，“更造钱币以澹用”（《汉书·食货志下》）。货币问题是由于盗铸不可胜数，结果是钱多而轻，物少而贵，实际上是货币的发行量超过了商品流通的需要，在市场上的表现是物价飞涨。当时有司建议：“古者皮币，诸侯以聘享。金有三等，黄金为上，白金为中，赤金为下（即金、银、铜三品）。今半两钱法重四铢，而奸或盗摩钱质而取鋊，钱益轻薄而物贵，则远方用币烦费不省。”（《汉书·食货志下》）这个远方是指边疆和前线，于是采取措施改革币制，《汉书·食货志下》云：

以白鹿皮方尺，缘以缋，为皮币，直四十万。王侯、宗室朝觐、聘享，必以皮币荐璧，然后得行。又造银锡白金。以为天用莫如龙，地用莫如马，人用莫如龟，故白金三品：其一曰重八两，圜之，其文龙，名“白撰”，

1. 秦半两　2. 荚钱

3. 八铢钱　4. 四铢钱　5. 三铢钱

6. 三官钱（五铢）　7. 西汉五铢　8. 小五铢

图 1　秦、西汉货币（引自宋杰《中国货币发展史》，首都师范大学出版社 1999 年版）

直三千；二曰以重差小，方之，其文马，直五百；三曰复小，椭之，其文龟，直三百。令县官销半两钱，更铸三铢钱，重如其文。盗铸诸金钱罪皆死，而吏民之犯者不可胜数。

这实际上是用白银来发行大额的货币，强迫民间使用，盗铸者被判死刑，结果吏民因此而犯罪者不可胜数。此路不通，商贾反而可以利用货币的变化囤积居奇，最终还是恢复了原来的五铢钱。

这一次汉武帝在币制变更上造成的问题是很严重的，私铸的多，因此而被处分的人亦多。《汉书 · 食货志下》称：

自造白金、五铢钱后五岁，而赦吏民之坐盗铸金钱死者数十万人。其不发觉相杀者，不可胜计。赦自出者百余万人。然不能半自出，天下大氐无虑皆铸金钱矣。犯法者众，吏不能尽诛。

这说明赦是因为牵涉的人太多，故不能不赦一般的盗铸者，《资治通鉴》将这件事的时间系于武帝元狩六年（前 117 年）。武帝转而清查地方上相关的官员和豪强，《汉书 · 食货志下》续云："于是遣博士褚大、徐偃等分行郡国，举并兼之徒守、相为利者（守，指郡守；相，指诸侯国为相者）。”这样酷吏行天下。当时的大司农颜异，是负责财政收支的，因不满意汉武帝币制改革的政策而被杀。《汉书·食货志下》云：

初，异为济南亭长，以廉直稍迁至九卿。上与（张）汤既造白鹿皮币，问异。异曰：“今王侯朝贺以仓璧，直数千，而其皮荐反四十万，本末不相称。”天子不说。汤又与异有隙，及人有告异以它议，事下汤治。异与客语，客语初令下有不便者，异不应，微反唇（即嘴动一下，表示不屑）。汤奏当异九卿见令不便，不入言而腹非，论死。自是后有腹非之法比，而公卿大夫多谄谀取容。

可见这件事祸害之大，当然这条路是走不通的。

接下来便是搞赤仄（侧）钱，时间是在汉武帝元鼎二年（前115年）。赤仄（侧）是指金坐圆钱的外郭，做工比较精致，与五铢钱的关系是以一比五。《汉书·食货志下》叙其事云：

郡国铸钱，民多奸铸，钱多轻，而公卿请令京师铸官赤仄，一当五，赋官用非赤仄不得行。白金稍贱，民弗宝用，县官以令禁之，无益，岁余终废不行。是岁，汤死而民不思。其后二岁，赤仄钱贱，民巧法用之，不便，又废。于是悉禁郡国毋铸钱，专令上林三官铸。钱既多，而令天下非三官钱不得行，诸郡国前所铸钱皆废销之，输入其铜三官。而民之铸钱益少，计其费不能相当，唯真工大奸乃盗为之。

通行的货币一定要做得精致，使一般人无法盗铸，地方不能自行铸钱了，这个三官钱便是五铢钱，五铢钱所含的铜，与其币值相当，而且铸造钱币的权力收归中央了，这样才使货币流通的问题得以解决。不搞通货膨胀，汉武帝搜括财富的手段转向收财产税了，那就是收缗钱，杨可行告缗令，结果是“杨可告缗遍天下，中家以上大氐皆遇告”，“于是商贾中家以上大氐破”。它带来的另一个结果是，“民媮甘食好衣，不事畜臧之业”（《汉书·食货志下》），反而刺激了消费，窖藏钱币的习惯收敛了，这叫作物极必反。要到武帝征和三年（前9年）封车千秋为富民侯，才改变穷兵黩武的政策，次年下轮台罪己诏，开始检讨自己的失误。大概是汉武帝七十岁的生日吧，车千秋给他祝寿，希望他为天下自娱乐。汉武帝检讨自己起巫蛊之祸的过失，说“朕日一食者累月，乃何乐之听”，“朕愧之甚，何寿之有？敬不举君之觞！谨谢丞相、二千石各就馆。书曰：‘毋偏毋党，王道荡荡。’毋有复言”（《汉书·车千秋传》）。汉武帝的悔过是真诚的，希望士大夫秉直而言，对于过去的失误，希望士大夫常放于心。“既事不咎”，过往的事，不要再去追究了，实际上汉武帝把责任都担下来了。

毛泽东晚年讲自己一辈子做了两件事，“一是和蒋介石斗了那么几十年……抗战八年，把日本人请回老家去了……另一件事……就是发动文化大革命”，对自己一生行事三七开，承认自己在工作中有失误。“既事不咎”，所有的责任他都承担了，我们能够做的也是应该做的只能是总结历史的经验教训。秦皇与汉武都有不少失误，有的还很严重，然而他们对中华民族的功绩是主要的，仍然名垂千秋，任何人都抹杀不了他们的历史地位。

王莽在货币改革上，是重蹈汉武帝覆辙，但他至死不知悔改，汉武帝是天上的雄鹰，王莽只是地上爬的雉鸡而已。《汉书·食货志下》云：

> 王莽居摄，变汉制，以周钱有子母相权，于是更造大钱，径寸二分，重十二铢，文曰“大钱五十”。

周钱，周景王时有大泉，泉与钱相通，原来是一品，大泉，即大值之钱，故此时钱有二品，子母相权。王莽据此铸大钱，一当小钱五十，这实际上是发行贬值的货币，借以搜刮民间的财富。《汉书·食货志下》中云：

> 又造契刀、错刀。契刀，其环如大钱，身形如刀，

长二寸，文曰“契刀五百”。错刀，以黄金错其文，曰“一刀直五千”。与五铢钱凡四品，并行。

契刀，是指上面是一个圆圈，中有方孔，下有长柄，圆圈两侧刻契刀二字，下有五百二字。战国时燕、齐、赵皆用刀币，其形似刀，有柄，柄端有环。错刀，形似契刀，但更精致，上刻字，以黄金填其文，刻“一刀”二字，柄上刻“直五千”。

五铢钱、大钱、契刀、错刀四种钱币，其值之比，为一与五十、五百、五千四种，四种并行，实际上是发行大面额的钱币。契刀与错刀的发行时间很短，但在考古中曾发现过实物。《汉书·食货志下》中云：

莽即真（指其正式即皇帝位），以为书“刘”字有“金”“刀”，乃罢错刀、契刀及五铢钱，而更作金、银、龟、贝、钱、布之品，名曰“宝货”。

小钱径六分，重一铢，文曰“小钱直一”。次七分，三铢，曰“幺钱一十”。次八分，五铢，曰“幼钱二十”。次九分，七铢，曰“中钱三十”。次一寸，九铢，曰“壮钱四十”。因前“大钱五十”，是为钱货六品，直各如其文。

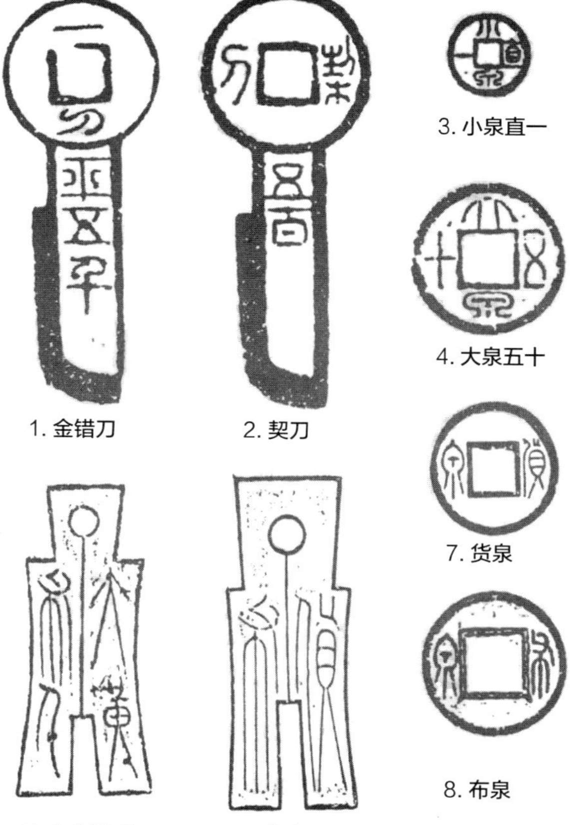

图 2　新莽钱币（引自宋杰《中国货币发展史》，首都师范大学出版社 1999 年版）

以上是指新发行的货币共有金、银、龟、贝、钱、布六类，实际上这六类都曾经为中国古代的泉货，古代作为货物交换的媒介，最早用贝壳，以后用布，贵重稀少的如龟及金、银，其实还有玉石。钱货又分成六品，分别是小钱直一、幺钱一十、幼钱二十、中钱三十、壮钱四十、大钱五十，这里铜钱是主要的流通货币。《汉书·食货志下》中云：

> 黄金重一斤，直钱万。朱提银重八两为一流，直一千五百八十。它银一流直千。是为银货二品。

这是指金、银为货币，黄金一斤为十六两，为一流，即一锭，值一万铜钱。朱提是地名，那里产的银两，八两为一流，即一个银锭，朱提那儿产的白银质量好，可以值一千五百八十铜钱，其他地区产的白银，一流即一个银锭，其值相当于一千铜钱。银两作为货币有两个品种。《汉书·食货志下》中云：

> 元龟岠冉长尺二寸，直二千一百六十，为大贝十朋。公龟九寸，直五百，为壮贝十朋。侯龟七寸以上，直三百，为幺贝十朋。子龟五寸以上，直百，为小贝十朋。是为龟宝四品。

龟是古代占卜用的，现在见到的甲骨文，便是占卜以后以文字记录所卜之事。《史记·龟策列传》有褚先生曰，其云：

> 神龟出于江水中，庐江郡常岁时生龟长尺二寸者二十枚输太卜官，太卜官因以吉日剔取其腹下甲。龟千岁乃满尺二寸。王者发军行将，必钻龟庙堂之上，以决吉凶。今高庙中有龟室，藏内以为神宝。

冉，指龟甲的边缘。岠，指至。此谓龟甲两边的长度达一尺二寸，价值二千一百六十文铜钱，这么多钱合计为大贝十朋。新莽以贝和朋作为货币单位，贝与朋类似于后世发行大面额的货币，反映出当时通货膨胀的现实。这是给献龟者的赏赐，并非把龟作为流通的货币，而是作为珍宝藏于龟室，备占卜之用。龟壳有大小，依其大小分成若干等级，最小的也要五寸以上，一般在七八寸以上便很宝贵了。《汉书·食货志下》中云：

> 大贝四寸八分以上，二枚为一朋，直二百一十六。壮贝三寸六分以上，二枚为一朋，直五十。幺贝二寸四分以上，二枚为一朋，直三十。小贝寸二分以上，二枚为一朋，直十。不盈寸二分，漏度不得为朋，率枚直钱三。是为贝货五品。

海贝在夏、商、周三代，曾作为商品交换用的货币。最初它是作为一种装饰品，在实物货币阶段，海贝与粮食、布匹相比，更为坚固而耐用。贝可以作为单位来计量，而且本身的价值量也适当，因而便作为货币在市场上流通。朋是古代贝的计算单位，二枚是一串，称为一朋。贝有大小，代表不同的价值量。王莽以二枚贝为一朋，以贝的大小来表示它的钱值，而贝的大小又有一定标准，如大贝要四寸八分以上，小贝寸二分以上即可。大贝一朋值钱二百一十六钱，小贝一朋代表十文钱。漏度，是指不合规定长度的贝，即不到一寸二分的，不得为朋，每枚为三文钱。以贝为货币大体有五种。《汉书·食货志下》中云：

> 大布、次布、弟布、壮布、中布、差布、厚布、幼布、幺布、小布。小布长寸五分，重十五铢，文曰“小布一百”。自小布以上，各相长一分，相重一铢，文各为其布名，直各加一百。上至大布，长二寸四分，重一两，而直千钱矣。是为布货十品。

布，是货币的名称，也是铜铸的货币，它的形状像一把铲子，是模仿先秦农具的外形铸造的，所以也称作“钱”或“镈”，而“镈”（bó）的读音近似于“布”，久而久之，大家便习惯称之为“布币”了。《诗·周颂·臣工》有“命我众人，庤乃镈钱”。汉代叫作

“铫”，农具的镈是铲状，是用来掘地挖土的，如果安装曲木柄，可以用来除草。作为货币的布，在战国时不同地区有不同的形状，东周的布币形状似铲，上有“东周”二字。王莽发行的布币有十品，以重量来区分等级。《汉书·食货志下》中云：

> 凡宝货五物，六名，二十八品。铸作钱布皆用铜，淆以连锡，文质周郭放汉五铢钱云。其金、银与它物杂，色不纯好，龟不盈五寸，贝不盈六分，皆不得为宝货。元龟为蔡，非四民所得居，有者，入大卜受直。

这是总结王莽发行的货币种类，有五种物品、六种名称、二十八品级。所有钱的铸造，都是在铜中混以一定数量的铅与锡，“淆以”指与铅、锡混铸。连，铅之未炼者。《史记·货殖列传》有“长沙出连、锡”，铅与锡往往产于同一矿藏。其钱币的文字、质地和周边的形状都是仿照汉的五铢钱，其金、银制的货币都与其他金属相杂，不是纯粹的金银。龟背不超过五寸、贝的宽度不超过六分的不能作为货币。元龟，指最大的龟，叫蔡，即做祭神时使用的。四民，指士、农、工、商，即民间如果得到元龟，要上交给太卜，给他钱币作补偿。

货币的发行与流通必须简单明白，这样便于在市场上流通，而王莽满脑子复古，把所有历史上曾经流通过的货币都复制出来成为新的货币，将原来已通行很久的五铢钱废而不用，这样在市场流通过程中反而造成混乱。五铢钱自汉武帝元狩五年（前115年）初铸，至平帝元始年间，已铸成并在民间流通的有二百八十亿万余，不可能一朝即废止不用，老百姓还是习惯于原来使用的汉五铢钱。故王莽这套币制颁布以后，民间交易还是依旧使用原来的五铢钱。币制的改动不能那么轻率，其结果正如《汉书·食货志下》所言：

> 百姓愦乱，其货不行。民私以五铢钱市买。莽患之，下诏："敢非井田、挟五铢钱者为惑众，投诸四裔以御魑魅。"于是农商失业，食货俱废，民涕泣于市道。坐卖买田、宅、奴婢、铸钱抵罪者，自公卿大夫至庶人，不可称数。莽知民愁，乃但行小钱直一，与大钱五十，二品并行，龟、贝、布属且寝。

这一大段话说明，王莽依据古典设计的那套复杂的货币发行制度，被市场流通否定，尽管王莽下令惩治违反政令者，结果是"农商失业，食货俱废"，因此而被充军到边地的人不可胜数。实际上，他那套货币制度还是推行不下去，最后只能承认失败。市场上只留下大钱和小钱两种，实际上使用的还是汉的五铢钱。币制的改革只能顺应市场流通的规则，不能搞主观主义，如王莽那样处处依古典的经文办事，最终也只能碰得头破血流，以失败告终。

《汉书·食货志下》续云：

> 莽性躁扰，不能无为，每有所兴造，必欲依古得经文。国师公刘歆言周有泉府之官，收不雠，与欲得，即《易》所谓“理财正辞，禁民为非”者也。莽乃下诏曰：“夫《周礼》有赊、贷，《乐语》有五均，传记各有斡焉。今开赊贷，张五均，设诸斡者，所以齐众庶，抑并兼也。”遂于长安及五都立五均官，更名长安东、西市令及洛阳、邯郸、临甾、宛、成都市长皆为五均司市师。东市称京，西市称畿，洛阳称中，余四都各用东、西、南、北为称，皆置交易丞五人，钱府丞一人，工商能采金银铜连锡登龟取贝者，皆自占司市钱府，顺时气而取之。

此言王莽这个人在性格上暴躁易激动，容易情绪化、非理性地采取一些重大政策措施，做不到无为而治。每一次要进行一点制度上的创造，他都要引经据典，在历史上找一点根据，而不是从实际的需要和矛盾出发。国师公刘歆是刘向的少子，曾经对王莽说，周代曾设有泉府之官，这个在《周礼》上属于地官的机构。它的职掌包括收购商贩卖不掉的商品，销售市场上买不到的东西，换句话说，是用国家的物资储备来调剂市场的买卖。这件事在《周礼·泉府》的原文是：“泉府掌以市之征布，敛市之不售，货之滞于民用者，以其价买之物楬而书之，以待不时而买者，买者各从其抵。”抵，是指原价。《易》指《周易》，下文出于《易》之《系辞》下，其全文为：“何以守位，曰人；何以聚人，曰财；理财正辞，禁民为非，曰义。”全句的意思是，君王何以守其位？要有人，也就是要有百姓；怎样聚拢人气？那是靠财，人有了财富，足以养生，才能相聚在一起，没有财富，生活不能维持，那就散伙，各奔东西。“辞”，是指制度、法令的条文，要理财，必须有制度规章，才能禁止有人为非作歹，如此才能进入义的境界。

王莽便依此下诏书说：周礼有赊贷，此是指泉府有赊贷的职能，百姓在祭祀与办丧事时，政府可以给他们赊贷，期限在十天或者三个月，月息是五厘。《乐语》，为河间献王所献之书，其中讲到五均的事，均是指平抑市场价格。臣瓒注其文云：“天子取诸侯之士以立五均，则市无二贾，四民常均，强者不困穷，富者不得要贫，则公家有余，恩及小民。”所谓五均，就是通过市场管理来平抑物价的波动。传记，指解释经典的各种文字。斡，管理。此谓各种对经典的解释都讲到这方面的行政管理问题，于是从现在开始开设赊贷的业务，加强对物价的管理，设置各种管理机构和人员，目的是规范庶民的贸易活动，抑止兼并。

根据王莽的这条诏令，在长安及洛阳、邯郸、临淄、宛（即南阳）、成都五大都市设置五均司市场。在长安有东、西二市，东市称京，西市称畿，洛阳称中，邯郸称北，临甾称东，宛称南，成都称西，都设置交易丞五人，钱府丞一人。从事工商业者，能采集到金、银、铜、铅、锡，以及取得龟、贝的，都要到相关的都市之泉府，取得一定的补偿。

王莽这样做的结果，就是在各大城市设置物价管理的机构，由政府来控制并开展银行信贷业务，所有可以制作货币的贵重金属及龟、贝这一类材料，概由政府统购，以此来垄断和管理市场上的一切贸易活动。其实这个办法不好，汉武帝时便实施过均输法，效果不好，王莽这一套措施不可能达到他所希望的目标，实际上反而阻碍了市场经济发展。中国封建社会那么长的历史时期，市场经济得不到充分的发展，原因大概就在于此。《汉书·食货志下》还有一大段话，论述了各个市司操作规章，其云：

> 诸司市常以四时中月实定所掌，为物上、中、下之贾，各自用为其市平，毋拘它所。众民卖买五谷、布帛、丝绵之物，周于民用而不雠者，均官有以考检厥实，用其本贾取之，毋令折钱。万物卬贵，过平一钱，则以平贾卖与民。其贾氐贱减平者，听民自相与市，以防贵庾者。民欲祭祀、丧纪而无用者，钱府以所入工、商之贡但赊之，祭祀无过旬日，丧纪毋过三月。民或乏绝，欲贷以治产

业者，均授之，除其费，计所得受息。毋过岁什一。

这一段话是讲述五均具体操作的过程和方法。四时之中月，指一年四季的仲月，如春之二月，夏之五月，秋之八月，冬之十一月。“所掌”，指确定商品价格的平均水平。商品依其质量分为上、中、下三等，各取一个平均价，不能超越这个平均价格，民众日用什物卖不掉的由五均官按其成本价买下来，不要使他们亏本。如果物价上涨，超过平价一钱的，那么官府以所贮的物资平价销售给需要者；如果价格低于平价一钱的，让民众自由买卖，防止物价上升。

在信贷方面，百姓因祭祀与丧事缺钱的，泉府可以将从工商税收入的银货贷给所需者，因祭祀所需的信贷限十天，丧事的信贷限三个月为期。如果为了产业经营需要现金的，由五均负责信贷的业务，除了收取手续费之外，依照本金收年息百分之十。这些规定看起来很好，问题是由什么人来操作，操作人员有私心，就带来很大的矛盾。

王莽的这些措施实际上源于汉武帝时的均输。《史记·平准书》称：“桑弘羊为大农丞，筦诸会计事，稍稍置均输以通货物。”这个均输也就是各地本应输于官府的实物税，改交当地所生产的物品，平抑所在地的物价，官府再把东西运到价高的地方出售，输租的人方便了，而官府获得了这个差价，所以在大司农的属官中有均输令。这类事从理论上似乎可行，实际操作起来问题很多，官府不一定有经商的能力和经验。最终这件事还是让商人来做，结果官商一体，如盐铁专卖那样，汉武帝时推行盐铁专卖的便是东郭咸阳和孔仅，他们都是靠盐铁起家的。

王莽时的实施情况，《汉书·食货志下》也有一段具体的描述，其云：

> 羲和置命士督五均、六斡，郡有数人，皆用富贾。洛阳薛子仲、张长叔、临甾姓伟等，乘传求利，交错天下，因与郡县通奸，多张空簿，府臧不实，百姓俞病。莽知民苦之，复下诏曰："夫盐，食肴之将；酒，百药之长，嘉会之好；铁，田农之本；名山大泽，饶衍之臧；五均赊贷，百姓所取平，卬以给澹；铁布铜冶，通行有无，备民用也。此六者，非编户齐民所能家作，必卬于市，虽贵数倍，不得不买。豪民富贾，即要贫弱，先圣知其然也，故斡之。每一斡为设科条防禁，犯者罪至死。"奸吏猾民并侵，众庶各不安生。

羲和，即汉之大司农，是负责财政的官员。命士，秩五百石，是负责监督五均六斡的官员。五均是负责市场管理和赊贷的官员，六斡是负责盐、铁、酒及征收山泽之税的官员。始建国二年（10年），王莽下令实行“五均六斡”，《汉书·王莽传中》在是年二月载：

> 初设六筦之令。命县官酤酒，卖盐铁器、铸钱，诸采取名山大泽众物者税之。又令市官收贱卖贵，赊贷予民，收息百月三。羲和置酒士，郡一人，乘传督酒利，禁民不得挟弩铠，徙西海。

郡用数人处置这些事，所用者皆富商大贾，他们借此以求利，来往于全国各地，与地方官勾结，出纳和会计做的都是假账。结果官府的贮藏与账册不符，账面上有，而库房则是空的。这样便苦了百姓，亏了国库。这情况反映到王莽那儿，王莽又下诏令重申这些条令，对那些豪民富贾，在社会上欺压贫弱百姓的，要加强管理，每一个部门都要设置科条，触犯法律可以判处死刑。但是奸吏豪滑之民仍然侵犯百姓的利益，百姓不得安生，结果只能是乱象丛生。故王莽“五均六斡”实施的结果是天下动乱，因为法令条例那些东西太细太密，制作的条令变化太多，导致“民摇手触禁”，加上自然灾荒，饥民被迫起来造反了。《汉书·食货志下》记载了那时农村的生活状况，其云：

> 民摇手触禁，不得耕桑，徭役烦剧，而枯、旱、蝗虫相因。又用制作未定，上自公侯，下至小吏，皆不得

奉禄，而私赋敛，货赂上流，狱讼不决。吏用苛暴立威，旁缘莽禁，侵刻小民。富者不得自保，贫者无以自存，起为盗贼，依阻山泽，吏不能禽而覆蔽之，浸淫日广。

到了天凤四年（17年），五均六筦完全成了搜括民财的工具了。《汉书·王莽传下》云：

复明六筦之令。每一筦下，为设科条防禁，犯者罪至死，吏民抵罪者浸众。又一切调上公以下诸有奴婢者，率一口出钱三千六百，天下愈愁，盗贼起。纳言冯常以六筦谏，莽大怒，免常官。置执法左右刺奸。选用能吏侯霸等分督六尉、六队，如汉刺史，与三公士郡一人从事。

这样由于各种矛盾日积月累，民不聊生，群起反抗。地方官为了逃避责任，隐蔽真相，听任矛盾的积叠和发展，各地区逐渐发展到局面完全失控，而王莽高高在上，反而不知下面矛盾的真相。

十二、王莽统治崩溃的历史过程

最早起来反对王莽的是汉的宗室，但这些反抗很快被王莽镇压。如汉平帝去世，立孺子为太子，王莽居摄那一年的四月间，便有宗室刘崇起兵反抗，《汉书·王莽传上》云：

> 安众侯刘崇与相张绍谋曰："安汉公莽专制朝政，必危刘氏。天下非之者，乃莫敢先举，此宗室耻也。吾帅宗族为先，海内必和。"绍等从者百余人，遂进攻宛，不得入而败。

刘崇起兵很快被镇压下去后，群臣认为刘崇之所以敢起来反抗，是因为王莽权轻，于是反而尊王莽为假皇帝。然而在第二年的九月，东郡太守翟义立严乡侯刘信为天子。翟义是丞相翟方进的小儿子，《汉书》有传，附于翟方进传之后，称其"所居著名，有父风烈"。翟义先后任弘农太守、河南太守、青州牧、东郡太守，对其姊之子——只有十八岁的陈丰说：

> 新都侯摄天子位，号令天下，故择宗室幼稚者以为孺子，依托周公辅成王之义，且以观望，必代汉家，其渐可见。方今宗室衰弱，外无强蕃，天下倾首服从，莫能亢扞国难。吾幸得备宰相子，身守大郡，父子受汉厚恩，义当为国讨贼，以安社稷。欲举兵西诛不当摄者，选宗室子孙辅而立之。设令时命不成，死国埋名，犹可以不惭于先帝。今欲发之，乃肯从我乎？（《汉书·翟义传》）

翟义与东郡都尉刘宇、严乡侯刘信及其弟武平侯刘璜结谋，立刘信为天子，移檄郡国，称“莽‘毒杀平帝，摄天子位，欲绝汉室，今共行天罚诛莽’”（《汉书·王莽传上》）。当时郡国起兵响应者众，如槐里男子赵明、霍鸿等起兵响应翟义，他们策划王莽的军队将悉师而东，京师空，准备趁机进攻长安，这些起兵的部队扩大至十万人。

前一次起兵很快被王莽镇压下去，这次翟义起兵的影响大了，王莽很紧张，昼夜抱了孺子去郊庙祈祷，同时派王邑、孙建率领部队攻击翟义。十二月，打败翟义的部队后，回师与王级所率的军队一起进攻关中赵明、霍鸿的部队。至次年二月，赵明、霍鸿的部队也被击败，王莽侥幸度过危机。王莽为了报复，毁翟义的房宅，还掘翟方进的墓及其祖坟，这一点王莽做过头了。

促使王莽政权陷于崩溃的是讨伐匈奴的战争，《汉书·食货志下》载其事云：

> 作货布后六年，匈奴侵寇甚，莽大募天下囚徒人奴，名曰猪突豨勇，壹切税吏民，訾三十而取一。又令公卿以下至郡县黄绶吏，皆保养军马，吏尽复以与民。民摇手触禁，不得耕桑，徭役烦剧，而枯旱蝗虫相因。又用制作未定，上自公侯，下至小吏，皆不得奉禄，而私赋敛，货赂上流，狱讼不决。吏用苛暴立威，旁缘莽禁，侵刻小民。富者不得自保，贫者无以自存，起为盗贼，依阻山泽，吏不能禽而覆蔽之，浸淫日广，于是青、徐、荆楚之地往往万数。战斗死亡，缘边四夷所系虏，陷罪，饥疫，人相食，及莽未诛，而天下户口减半矣。

这个“猪突豨勇”类似于今天的特种部队，野猪奔走冲击比较勇猛，为士兵取这个怪名，也是王莽穷途末路的表现。这里讲的青、徐、荆楚之地，即今山东、豫南、皖北、湖北及江南地区。这一年是天凤四年，始建国以后的第九年，《汉书·王莽传下》载其事云：

临淮瓜田仪等为盗贼，依阻会稽长州，琅邪女子吕母亦起。初，吕母子为县吏，为宰所冤杀。母散家财，以酤酒买兵弩，阴厚贫穷少年，得百余人，遂攻海曲县，杀其宰以祭子墓。引兵入海，其众浸多，后皆万数。莽遣使者即赦盗贼，还言："盗贼解，辄复合。问其故，皆曰愁法禁烦苛，不得举手。力作所得，不足以给贡税。闭门自守，又坐邻伍铸钱挟铜，奸吏因以愁民。民穷，悉起为盗贼。"

从上面这段记载可以知道，那是官逼民反，百姓不得不反。在这种危急的情况下，王莽仍然异常傲慢，听不得善意的忠告。次年有大司马司允费兴为荆州牧，王莽接见他时，询问到任以后的方略。费兴给王莽提出了忠告，他对王莽说：

荆、扬之民率依阻山泽，以渔采为业。间者，国张六筦，税山泽，妨夺民之利，连年久旱，百姓饥穷，故为盗贼。兴到部，欲令明晓告盗贼归田里，假贷犁牛种食，阔其租赋，几可以解释安集。

这本来是安抚百姓的办法，不是激化矛盾的措施，但费兴批评了王莽五均六筦是导致百姓造反的根本因素。王莽为此发怒，免了费兴的官职。王莽在老百姓那儿搜刮不到财富，目标便转向富人。《汉书·王莽传下》续云：

> 天下吏以不得奉禄，并为奸利，郡尹县宰家累千金。莽下诏曰："详考始建国二年胡虏猾夏以来，诸军吏及缘边吏大夫以上为奸利增产致富者，收其家所有财产五分之四，以助边急。"公府士驰传天下，考覆贪饕，开吏告其将，奴婢告其主，几（冀）以禁奸，奸愈甚。

这一段记载，一方面说明贪官污吏遍天下，王莽在百姓那儿搜刮不到财富时，便把矛头指向那些暴发户，采取的手段是民告官、吏告将。个别地惩治一下还可以做到，整肃一下风纪。如果普遍那样搞，会天下大乱，因为整个官僚机器会瘫痪，那么王莽的统治机器也就随之瘫痪了。王莽强行实施，结果乱上加乱，为什么？因为起来举报的，其中是非虚实，一下子分辨不清，起来告发的也有各种各样不同的人群，这一类举报只能起一点有限的威慑作用，有效的惩治还得依靠体制内的健全力量，逐步推行，还得靠整个社会风气的转变和士大夫为政风气的转变。事急则乱，缓步推行还能收到一定的效果，但亦有限。整个官僚机器处于半瘫痪的状态，那么便会为底层群众起来抗争提供条件。赤眉起义便于天凤五年（18年）爆发，《汉书·王莽传下》云：

赤眉力子都、樊崇等以饥馑相聚，起于琅邪，转钞掠，众皆万数。遣使者发郡国兵击之，不能克。

赤眉军起于那一年的山东琅邪，由于连年的饥旱，赤眉这支部队聚集的人数愈来愈多，《后汉书·刘盆子传》比较具体地叙述了这支农民军起兵的经过。最先起来的是前面提到的琅邪海曲的吕母，因为儿子被冤杀，起兵造反了，攻破海曲，把杀他儿子的地方官杀了，于是逃到海中，有众数千。然后才是琅邪樊崇起兵于莒，即今山东之莒县。《后汉书·刘盆子传》记其事云：

琅邪人樊崇起兵于莒，众百余人，转入太山，自号三老。时青、徐大饥，寇贼蜂起，众盗以崇勇猛，皆附之，一岁间至万余人。崇同郡人逄安，东海人徐宣、谢禄、杨音，各起兵，合数万人，复引从崇。共还攻莒，不能下，转掠至姑幕，因击王莽探汤侯田况，大破之，杀万余人，遂北入青州，所过虏掠。还至太山，留屯南城。初，崇等以困穷为寇，无攻城徇地之计。众既寖盛，乃相与为约：杀人者死，伤人者偿创。以言辞为约束，无文书、旌旗、部曲、号令。其中最尊者号三老，次从事，次卒史，泛相称曰巨人。王莽遣平均公廉丹、太师王匡击之。崇等欲战，恐其众与莽兵乱，乃皆朱其眉以相识别，由是号曰赤眉。赤眉遂大破丹、匡军，杀万余人，追至无盐，廉丹战死，王匡走。崇又引其兵十余万，复还围莒，数月。或说崇曰："莒，父母之国，奈何攻之？"乃解去。

这支部队是饥民的聚合，是迫于生计而起兵反抗。它的组织状态很原始，头头的职衔是三老与从事，那是农村基层组织官员的名称。他们内部亦有约定，那只是"杀人者死，伤人者偿创"，没有文书、旌旗、部曲、号令的名称，组织非常涣散。他们内部相互之间只是以巨人相称，他们在自己眉毛上涂赤色，只是为了作战时与王莽的军队相区别。这样的农民军，居然把王莽派来镇压他们的廉丹与王匡所统率的军队给打垮了，这证明王莽的武装力量实在是一盘散沙，不堪一击。

地皇元年（20年），起兵反抗王莽统治的则是南边的绿林军。《汉书·王莽传下》记载："南郡张霸、江夏羊牧、王匡等起云杜绿林，号曰'下江兵'，众皆万余人。"这件事《后汉书·刘玄传》说得具体一些，其云：

王莽末，南方饥馑，人庶群入野泽，掘凫茈而食之，更相侵夺。新市人王匡、王凤为平理诤讼，遂推为渠帅，众数百人。于是诸亡命马武、王常、成丹等往从之；共攻离乡聚，臧于绿林中，数月间至七八千人。地皇二年，荆州牧某发奔命二万人攻之，匡等相率迎击于云杜，大破牧军，杀数千人，尽获辎重，遂攻拔竟陵。转击云杜、安陆，多略妇女，还入绿林中，至有五万余口，州郡不能制。

从这些记载可以看到，绿林军最早都是集结在一起的饥民，荆州牧的官军打不过这些乌合之众，亦可见王莽的地方武装力量战斗力之差。这些还是地皇二年（21年）的事，那时东边是赤眉，南面是绿林，都已形成规模，官军对他们的围剿均以失败告终。他们在山泽中形成相对独立的割据力量，王莽的官军对他们已经无可奈何。

在王莽统治的地区，关于地皇二年时的状况，《汉书·王莽传下》载："三辅盗贼麻起。"秋，"关东大饥，蝗。""民犯铸钱，伍人相坐，没入为官奴婢。其男子槛车，儿女子步，以铁锁琅当其颈，传诣锺官，以十万数。到者易其夫妇，愁苦死者什六七。"这是民不聊生的状况，而且长安附近也发生动乱了。即使如此，那时群聚山泽的群众还没有明确的政治目标，还是希望回归乡里，过正常的生活。《汉书·王莽传下》称：

初，四方皆以饥寒穷愁起为盗贼，稍稍群聚，常思岁熟得归乡里。众虽万数，亶称臣人、从事、三老、祭酒，不敢略有城邑，转掠求食，日阕而已。

当时有人向王莽指出他政策上的失误，如公孙禄便曾向王莽提出：

> 国师嘉信公颠倒《五经》，毁师法，令学士疑惑。明学男张邯、地理侯孙阳造井田，使民弃土业。牺和鲁匡设六筦，以穷工商。说符侯崔发阿谀取容，令下情不上通。……匈奴不可攻，当与和亲。臣恐新室忧不在匈奴，而在封域之中也。

王莽因这些话而发怒。当时豫州的大司马被农民军俘虏，回来后对王莽说，盗贼频发“以贫穷故耳”，这个话王莽听不进去。田况是王莽派去处理赤眉军问题的，担任青徐二州牧事，他给王莽上书说：

> 盗贼始发，其原甚微，非部吏、伍人所能禽也。咎在长吏不为意，县欺其郡，郡欺朝廷，实百言十，实千言百。朝廷忽略，不辄督责，遂至延曼连州，乃遣将率，多发使者，传相监趣。郡县力事上官，应塞诘对，共酒食，具资用，以救断斩，不给（暇）复忧盗贼治官事。将率

又不能躬率吏士，战则为贼所破，吏气寖伤，徒费百姓。前幸蒙赦令，贼欲解散，或反遮击，恐入山谷转相告语，故郡县降贼，皆更惊骇，恐见诈灭，因饥馑易动，旬日之间更十余万人，此盗贼所以多之故也。今雒阳以东，米石二千。

这些话王莽听不进去，反而把田况从青、徐二州撤回来，结果是“况去，齐地遂败”。这个时候派大量的军队去镇压，一方面加重了民众的负担，使社会矛盾进一步激化；另一方面，这样集结起来的军队，不可能有战斗力，反而滋生反对自己的队伍和力量。结果是流民入关者数十万人，关中发生动摇，最终派出去的大军失败，内部又出现动荡不安的局面。关东的汉军向关中进发，关中的百姓也乱起来了，王莽的下属与农民军合流，在京城攻打王莽。地皇四年（公元 23 年）九月，关东的军队攻入长安的宣平门，大家为了取得王莽的首级，拼命力战。十月二日，城中有少年朱弟、张鱼附和农民军，烧作室门，呼叫“反虏王莽，何不出降”，放火焚烧宫殿。王莽避火到哪里，哪里便着火，“莽避火宣室前殿，火辄随之。宫人妇女啼呼曰：‘当奈何！’”三日天明时，王莽西出白虎门，去渐台，想利用池水阻挡外部的进攻。那时王邑还在与农民军力战，军人入殿中呼叫“反虏王莽安在？”有美人出房曰：“在渐台。”于是围渐台数百重，台上与台下弓弩相射，相持到下午，短兵相接，王邑战死，众兵上台，杜吴杀王莽，取其印绶。校尉东海公宾就斩王莽的首级，“军人分裂莽身，支节肌骨脔分，争相杀者数十人”。然后把王莽的首级传到宛，“悬宛市，百姓共提击之，或切食其舌”。王莽此人积怨太深，最终弄成这样一个可耻又可悲的下场。

十三、结束语

王莽的改革或称改制，以诈伪登场，以悬首闹市为结局，其间教训甚多。第一，虚伪欺诈的事不能干。王莽有野心，但是又极其虚伪地掩饰自己以行欺诈，掩饰自己的野心，骗取众人信从，以达到个人篡权的目的。任何欺骗和诈伪，只能得逞于一时一地，一旦被众人识破，势必被唾弃。第二，王莽这个人所有改制的措施，不是从实际出发，而是复古，许多名词概念都是从儒家的经典中引申出来。《周礼》本来有汉人虚构的成分，王莽将其作为建制的依据。第三，制度的建制和政策法令上搞复古主义，博而寡要，以六艺为法，六艺经传以千万数，累世不能通其学，于是采取形式主义的办法，在名称的变革上动脑筋，改名的东西太多，官名、地名的变更，完全没有必要。而且往往朝令夕改，变更过于频繁，使得下面无所适从。第四，过于刚愎自用，听不得与自己不同的反面意见，结果是上下阻隔，下情不能上达，那就不可能做出正确的抉择，丧失了挽回时局的机会。到地皇三年（22 年）的十月，王莽才知道天下溃畔，下诏书：“除井田奴婢山泽六之禁，即位以来诏令不便于民者，皆收还之。”这时再下这样的诏令已无法挽回局面了，早四五年也许还有救。第五，这个人过于迷信符命和谶言，这些骗人的东西王莽都信以为真。他逃到渐台去时，手中还抱着符命、威斗这些东西。起来反对王莽的，也利用了这些迷信的谶言。如卜者王况作谶书，言莽大臣各有吉凶。道士西门君惠也利用天文谶记鼓动国师刘歆，说：“星孛扫宫室，刘氏当复兴，国师公姓名是也。”刘歆也预言天文人事，东方必成，刘歆因此而被迫自杀。王莽还深信卜筮，宫殿中土山仙人掌旁有白头公青衣，为此他曾让衍功侯喜素卜筮，曰“忧兵火”，王莽认为是皇祖叔父来迎他。

改革不能唯上、唯书，只能唯实，从实际存在的社会矛盾和问题出发，调节好各个群体间的利益关系，让多数人受益，从而促进社会生产的发展。它不在于形式，而在于实质。这就是王莽改制留下的教训。

附：史记·商君列传

商君者，卫之诸庶孽公子也，名鞅，姓公孙氏，其祖本姬姓也。鞅少好刑名之学，事魏相公叔座为中庶子。公叔座知其贤，未及进。会座病，魏惠王亲往问病，曰："公叔病，有如不可讳，将奈社稷何？"公叔曰："座之中庶子公孙鞅，年虽少，有奇才，愿王举国而听之。"王嘿然。王且去，座屏人言曰："王即不听用鞅，必杀之，无令出境。"王许诺而去。公叔座召鞅谢曰："今者王问可以为相者，我言若，王色不许我。我方先君后臣，因谓王即弗用鞅，当杀之。王许我。汝可疾去矣，且见禽。"鞅曰："彼王不能用君之言任臣，又安能用君之言杀臣乎？"卒不去。惠王既去，而谓左右曰："公叔病甚，悲乎，欲令寡人以国听公孙鞅也，岂不悖哉！"

公叔既死，公孙鞅闻秦孝公下令国中求贤者，将修缪公之业，东复侵地，乃遂西入秦，因孝公宠臣景监以求见孝公。孝公既见卫鞅，语事良久，孝公时时睡，弗听。罢而孝公怒景监曰："子之客妄人耳，安足用邪！”景监以让卫鞅。卫鞅曰：“吾说公以帝道，其志不开悟矣。”后五日，复求见鞅。鞅复见孝公，益愈，然而未中旨。罢而孝公复让景监，景监亦让鞅。鞅曰：“吾说公以王道而未入也。请复见鞅。”鞅复见孝公，孝公善之而未用也。罢而去。孝公谓景监曰：“汝客善，可与语矣。”鞅曰：“吾说公以霸道，其意欲用之矣。诚复见我，我知之矣。”卫鞅复见孝公。公与语，不自知膝之前于席也。语数日不厌。景监曰：“子何以中吾君？吾君之欢甚也。”鞅曰：“吾说君以帝王之道比三代，而君曰：‘久远，吾不能待。且贤君者，各及其身显名天下，安能邑邑待数十百年以成帝王乎？’故吾以强国之术说君，君大说之耳。然亦难以比德于殷、周矣。”

孝公既用卫鞅，鞅欲变法，恐天下议己。卫鞅曰：“疑行无名，疑事无功。且夫有高人之行者，固见非于世；有独知之虑者，必见敖于民。愚者暗于成事，知者见于未萌。民不可与虑始而可与乐成。论至德者不和于俗，成大功者不谋于众。是以圣人苟可以强国，不法其故；苟可以利民，不循其礼。”孝公曰：“善。”甘龙曰：“不然。圣人不易民而教，知者不变法而治。因民而教，不劳而成功；缘法而治者，吏习而民安之。”卫鞅曰：“龙之所言，世俗之言也。常人安于故俗，学者溺于所闻。以此两者居官守法可也，非所与论于法之外也。三代不同礼而王，五伯不同法而霸。智者作法，愚者制焉；贤者更礼，不肖者拘焉。”杜挚曰：“利不百，不变法；功不十，不易器。法古无过，循礼无邪。”卫鞅曰：“治世不一道，便国不法古。故汤武不循古而王，夏殷不易礼而亡。反古者不可非，而循礼者不足多。”孝公曰：“善。”以卫鞅为左庶长，卒定变法之令。

令民为什伍，而相牧司连坐。不告奸者腰斩，告奸者与斩敌首同赏，匿奸者与降敌同罚。民有二男以上不分异者，倍其赋。有军功者，各以率受上爵；为私斗者，各以轻重被刑大小。僇力本业，耕织致粟帛多者复其身。事末利及怠而贫者，举以为收孥。宗室非有军功论，不得为属籍。明尊卑爵秩等级，各以差次名田宅，臣妾衣服以家次。有功者显荣，无功者虽富无所芬华。

令既具，未布，恐民之不信，已乃立三丈之木于国都市南门，募民有能徙置北门者予十金。民怪之，莫敢徙。复曰“能徙者予五十金”。有一人徙之，辄予五十金，以明不欺。卒下令。

令行于民期年，秦民之国都言初令之不便者以千数。于是太子犯法。卫鞅曰：“法之不行，自上犯之。”将法太子。太子，君嗣也，不可施刑，刑其傅公子虔，黥其师公孙贾。明日，秦人皆趋令。行之十年，秦民大说，道不拾遗，山无盗贼，家给人足。民勇于公战，怯于私斗，乡邑大治。秦民初言令不便者有来言令便者，卫鞅曰“此皆乱化之民也”，尽迁之于边城。其后民莫敢议令。

于是以鞅为大良造。将兵围魏安邑，降之。居三年，作为筑冀阙宫廷于咸阳，秦自雍徙都之。而令民父子兄弟同室内息者为禁。而集小乡邑聚为县，置令、丞，凡三十一县。为田开阡陌封疆，而赋税平。平斗桶权衡丈尺。行之四年，公子虔复犯约，劓之。居五年，秦人富强，天子致胙于孝公，诸侯毕贺。

其明年，齐败魏兵于马陵，虏其太子申，杀将军庞涓。其明年，卫鞅说孝公曰："秦之与魏，譬若人之有腹心疾，非魏并秦，秦即并魏。何者？魏居领阨之西，都安邑，与秦界河而独擅山东之利。利则西侵秦，病则东收地。今以君之贤圣，国赖以盛。而魏往年大破于齐，诸侯畔之，可因此时伐魏。魏不支秦，必东徙。东徙，秦据河山之固，东乡以制诸侯，此帝王之业也。"孝公以为然，使卫鞅将而伐魏。魏使公子卬将而击之。军既相距，卫鞅遗魏将公子卬书曰："吾始与公子欢，今俱为两国将，不忍相攻，可与公子面相见，盟，乐饮而罢兵，以安秦魏。"魏公子卬以为然。会盟已，饮，而卫鞅伏甲士而袭虏魏公子卬，因攻其军，尽破之以归秦。魏惠王兵数破于齐秦，国内空，日以削，恐，乃使使割河西之地献于秦以和。而魏遂去安邑，徙都大梁。魏惠王曰："寡人恨不用公叔座之言也。"卫鞅既破魏还，秦封之於、商十五邑，号为商君。

商君相秦十年，宗室贵戚多怨望者。赵良见商君。商君曰："鞅之得见也，从孟兰皋，今鞅请得交，可乎？"赵良曰："仆弗敢愿也。孔丘有言曰：'推贤而戴者进，聚不肖而王者退。'仆不肖，故不敢受命。仆闻之曰：‘非其位而居之曰贪位，非其名而有之曰贪名。’仆听君之义，则恐仆贪位贪名也。故不敢闻命。”商君曰：“子不说吾治秦与？”赵良曰：“反听之谓聪，内视之谓明，自胜之谓强。虞舜有言曰：‘自卑也尚矣。’君不若道虞舜之道，无为问仆矣。”商君曰：“始秦戎翟之教，父子无别，同室而居。今我更制其教，而为其男女之别，大筑冀阙，营如鲁卫矣。子观我治秦也，孰与五羖大夫贤？”赵良曰：“千羊之皮，不如一狐之掖；千人之诺诺，不如一士之谔谔。武王谔谔以昌，殷纣墨墨以亡。君若不非武王乎，则仆请终日正言而无诛，可乎？”商君曰：“语有之矣，貌言华也，至言实也，苦言药也，甘言疾也。夫子果肯终日正言，鞅之药也。鞅将事子，子又何辞焉！”赵良曰：“夫五羖大夫，荆之鄙人也。闻秦缪公之贤而愿望见，行而无资，自粥于秦客，被褐食牛。期年，缪公知之，举之牛口之下，而加之百姓之上，秦国莫敢望焉。相秦六七年，而东伐郑，三置晋国之君，一救荆国之祸。发教封内，而巴人致贡；施德诸侯，而八戎来服。由余闻之，款关请见。五羖大夫之相秦也，劳不坐乘，暑不张盖，行于国中，不从车乘，不操干戈，功名藏于府库，德行施于后世。五羖大夫死，秦国男女流涕，童子不歌谣，舂者不相杵。此五羖大夫之德也。今君之见秦王也，因嬖人景监以为主，非所以为名也。相秦不以百姓为事，而大筑冀阙，非所以为功也。刑黥太子之师傅，残伤民以骏刑，是积怨畜祸也。教之化民也深于命，民之效上也捷于令。今君又左建外易，非所以为教也。君又南面而称寡人，日绳秦之贵公子。诗曰：‘相鼠有体，人而无礼；人而无礼，何不遄死。’以诗观之，非所以为寿也。公子虔杜门不出已八年矣，君又杀祝懽而黥公孙贾。诗曰：‘得人者兴，失人者崩。’此数事者，非所以得人也。君之出也，后车十数，从车载甲，多力而骈胁者为骖乘，持矛而操闟戟者旁车而趋。此一物不具，君固不出。书曰：‘恃德者昌，恃力者亡。’君之危若朝露，尚将欲延年益寿乎？则何不归十五都，灌园于鄙，劝秦王显岩穴之士，养老存孤，敬父兄，序有功，尊有德，可以少安。君尚将贪商於之富，宠秦国之教，畜百姓之怨，秦王一旦捐宾客而不立朝，秦国之所以收君者，岂其微哉？亡可翘足而待。”商君弗从。

后五月而秦孝公卒，太子立。公子虔之徒告商君欲反，发吏捕商君。商君亡至关下，欲舍客舍。客人不知其是商君也，曰：“商君之法，舍人无验者坐之。”商君喟然叹曰：“嗟乎，为法之敝一至此哉！”去之魏。魏人怨其欺公子卬而破魏师，弗受。商君欲之他国。魏人曰：“商君，秦之贼。秦强而贼入魏，弗归，不可。”遂内秦。商君既复入秦，走商邑，与其徒属发邑兵北出击郑。秦发兵攻商君，杀之于郑黾池。秦惠王车裂商君以徇，曰：“莫如商鞅反者！”遂灭商君之家。

太史公曰：商君，其天资刻薄人也。迹其欲干孝公以帝王术，挟持浮说，非其质矣。且所因由嬖臣，及得用，刑公子虔，欺魏将卬，不师赵良之言，亦足发明商君之少恩矣。余尝读商君开塞耕战书，与其人行事相类。卒受恶名于秦，有以也夫！

图书在版编目（CIP）数据

商鞅变法与王莽改制 / 朱永嘉著 .—北京 : 中国长安出版社 ,2018.5
ISBN 978-7-5107-1006-3

Ⅰ .①商… Ⅱ .①朱… Ⅲ .①商鞅变法—研究②王莽改制—研究
Ⅳ .① K231.07 ② K234.107

中国版本图书馆 CIP 数据核字 (2018) 第 107193 号

商鞅变法与王莽改制

朱永嘉 著

选题策划　何崇吉
责任编辑　刘英雪
特约编辑　孙明新　李春博
出　　版　中国长安出版社
社　　址　北京市东城区北池子大街 14 号 (100006)
网　　址　http://www.ccapress.com
邮　　箱　capress@163.com
发　　行　中国长安出版社　全国新华书店经销
电　　话　(010)66529988 转 1319
印　　刷　北京中科印刷有限公司
开　　本　880 毫米 ×1230 毫米　1/32
印　　张　7
字　　数　130 千字
版　　次　2018 年 8 月第 1 版　2018 年 8 月第 1 次印刷

书　　号　ISBN 978-7-5107-1006-3
定　　价　46.80 元